Jutta Sperber

Dialog mit dem Islam

V&R

VANDENHOECK & RUPRECHT

Jutta Sperber

Dr. theol. Jutta Sperber; geboren 1963 in Rückersdorf ist Pfarrerin z. A. in Bayreuth. Sie wurde mit einer Untersuchung der christlich-muslimischen Dialoge des Ökumenischen Rats der Kirchen 1996 an der Augustana-Hochschule Neuendettelsau promoviert.

Die Deutsche Bibliothek – CIP-Einheitsaufnahme

Sperber, Jutta
Dialog mit dem Islam / Jutta Sperber. –
Göttingen : Vandenhoeck und Ruprecht, 1999
(Kleine Reihe V & R ; 4015)
ISBN 3-525-34015-X

KLEINE REIHE V&R 4015

Umschlag: Jürgen Kochinke, Holle
Schrift: Concorde regular
Gesamtherstellung: Hubert & Co., Göttingen

Inhalt

Das islamische Verbot, Lebendiges darzustellen (vgl. S. 9), wurde ab dem Mittelalter zunehmend durchbrochen. Hier eine Darstellung Mohammeds (Ausschnitt, Gesicht beschädigt) aus einer mongolischen Handschrift vom Anfang des 14. Jh.

Original: Bibliothek Topkapi, Istanbul

Vorwort

Die vorliegende Darstellung gliedert sich in zwei Teile: eine Einführung in den Islam und einen Überblick über wichtige Themen des christlich-muslimischen Dialogs. Der erste Teil soll das Verständnis des zweiten Teils erleichtern und erhebt keinen Anspruch auf enzyklopädische Vollständigkeit. Er bietet eine Einführung in die Glaubensinhalte und vor allem in deren Auswirkungen im Bereich der persönlichen Frömmigkeit und auf der rechtlichen Ebene. Das Wort *Islam* ist nicht von ungefähr abgeleitet von dem Verb ›slm‹ – etwas ausschließlich tun. Es gibt eine klare religiöse Pflichtenlehre für den Einzelnen und ein heiliges Recht für die Gemeinschaft. Was dem Christentum die Theologie, ist dem Islam die Rechtswissenschaft. Darauf wurde vom Umfang her Rücksicht genommen. Der Einführungsteil wird im Anhang ergänzt durch eine Zeittafel zum Islam und durch eine tabellarische Gegenüberstellung von Sunna und Schīa. Wer weitere Informationen wünscht, findet reichlich Anregungen im Literaturverzeichnis.

Der zweite Teil gibt einen Überblick über wichtige Abläufe und Ergebnisse der christlich-muslimischen Dialoge, die der Ökumenische Rat der Kirchen seit Ende der sechziger Jahre geführt hat. Daß der ÖRK in dieser Hinsicht eine wichtige Vorreiterrolle gespielt hat, wird gleich im ersten Kapitel über strukturelle Fragen deutlich. Um grundlegende Gemeinsamkeiten, aber auch um Differenzen sowie um die Basis, auf der sich die beiden Religionen auf den Dialog eingelassen haben, geht es im nächsten Kapitel. Es folgt ein Abschnitt über die rein theologischen Fragen wie Offenbarungsverständnis, Gottesbild, Frage des Heils und Schöpfung. Dann geht es um das heikle Thema des gegenseitigen Vertrauens – angesichts einer belasteten Geschichte und politischer Spannungen in der Gegenwart. Das Kapitel zu Gebet, Gottesdienst und geistlichem Austausch zeigt erstaunliche Offenheiten auf Seiten der Muslime, der orthodoxen und der römisch-katholischen Christen auf. Regional differenziert wird in den beiden folgenden Kapiteln zu Praxis und Politik, wobei es im letzteren sowohl um die Konfliktpotentiale (genannt sei nur das Stichwort ›islamischer Staat‹) als auch um die tatsächlichen Konflikte geht, während ersteres zeigt, wie Dialog dennoch gelingen kann. Das folgende Kapitel fragt nach der Unterscheidung von Dialog und Mission – und ihrer möglichen gegenseitigen Beeinflussung. Der Abschnitt zum Thema islamisches Recht widmet sich dem Staatsrecht, dem Privatrecht für muslimische Minderheiten und den islamischen Institutionen; dabei wird auf diesem Gebiet ein erstaunlicher Umdenkprozeß deutlich. Das Kapitel über Mischehen beschäftigt sich mit den besonderen Schwierigkeiten, aber auch Chancen von Ehen zwischen Christen und Muslimen. Im vorletzten Kapitel geht es um die religiöse Prägung durch Erziehung, Schule und Ausbildung und um die Sicht des jeweils anderen, die automatisch mit vermittelt wird. Hier wie im Bereich der praktischen Fragen ist die Rolle der Frauen von besonderer Bedeutung. Das Schlußkapitel geht schließlich auf die Entscheidungen der römisch-katholischen Kirche ein, die zum Dialog mit den Muslimen und zu einer außerordentlich erfolgreichen Zusammenarbeit mit dem Ökumenischen Rat der Kirchen in diesem Punkt geführt haben.

Teil I: Der Islam –

Glaube, Gehorsam, Gesetz

»Die christlichen Gebräuche meiner Mutter bewirkten, daß ich eingehender über unsere moslemischen Traditionen nachdachte, die andere als selbstverständlich hinnahmen.«[1] Diese Zeilen der ehemaligen First Lady Ägyptens Jehan Sadat, Tochter eines ägyptischen Regierungsbeamten und einer Engländerin, über ihre Kindheit in einer muslimischen Familie mit christlicher Mutter gelten eigentlich für alle Dialoge zwischen Christen und Muslimen: Man entdeckt den anderen, entdeckt unerwartete Gemeinsamkeiten und Unterschiede und entdeckt dadurch am Ende auch sich selbst neu.

Die Seite des Islam, die den Christen wohl am nächsten steht, ist die des Glaubens. Dies liegt nicht allein an den vielfach ähnlichen Inhalten, sondern auch daran, daß sich hier am ehesten Querverbindungen zur eigenen Lebensgeschichte ergeben. Denn nicht nur die anderen religiösen Riten der Mutter brachten Jehan Sadat den eigenen Glauben näher, sondern letztlich der unerwartete Tod zweier junger Familienmitglieder, den sie zu begreifen suchte: »Nun suchte ich Trost in meiner Religion.«[2]

Glaube

Der Begriff Glaube spielt auch nach islamischem Verständnis eine tragende Rolle in der Religion. ›īmān‹ (Glaube) leitet sich ab von dem Wort-Stamm ›'mn‹ (vgl. ›amana‹ – glauben, für wahr halten und ›amina‹ – vertrauen, als sicher ansehen). Das Gegenteil von Glaube wäre Lüge, von glauben: abstreiten der Wahrheit. Inhalt dieses Glaubens sind die geoffenbarten Glaubenswahrheiten, deren Bezeichnungen sich von den Verben ›samiʿa‹ (hören) und ›awḥā‹ (eingeben, inspirieren) herleiten lassen.[3]

Eine Überlieferung vom Propheten Mohammed (›ḥadīth‹) erzählt, wie dieser vom Engel Gabriel über den Islam befragt wurde:

Er sagte: Unterrichte mich über den Glauben.
Er sagte: Daß du an Gott glaubst und an seine Engel, an seine Gesandten und an den Jüngsten Tag; und daß du an die Vorherbestimmung des Guten und des Bösen glaubst.
Er sagte: Du hast die Wahrheit gesagt.[4]

›tawḥīd‹, die absolute Einheit Gottes, ist für Muslime der erste und wichtigste Aspekt ihres Glaubens. Es ist der Punkt, auf den sich alles andere immer wieder zurückbezieht, selbst Spiele wie das beliebte magische Quadrat. Sie sind stolz darauf, die einzig wirklichen Bekenner der Einheit Gottes zu sein.

Der Ökumenische Rat der Kirchen (ÖRK) schreibt in seinen Erwägungen zum christlich-muslimischen Dialog völlig zutreffend, daß dieser Glaube an die *Einheit* Gottes dazu führt, daß der Islam jegliche Vorstellung von einer Pluralität in Gott zurückweist und es scharf bekämpft, wenn etwas oder jemand anderes als Gott als göttlich verehrt wird.[5]

Gott allein ist, sozusagen zu 100 Prozent, göttlich, kein anderes Wesen hat irgendeinen Anteil an dieser Göttlichkeit. Er ist die absolute und unhinterfragbare Autorität, der Allwissende und Allmächtige. Gott hat keinerlei Schwäche, er ist auf niemandes Hilfe angewiesen und braucht auch durch niemanden ergänzt zu werden. Dieses Prinzip der Einheit wird sichtbar in der von Gott geschaffenen Welt (die sonst ein Chaos wäre) und selbstverständlich in der von ihm geoffenbarten Religion.[6]

> *Gott hat sich kein Kind genommen. Und es gibt keinen Gott neben Ihm, sonst würde jeder Gott das wegnehmen, was Er geschaffen hat, und die einen von ihnen würden sich den anderen gegenüber überheblich zeigen. (Sure 23, 91 a.b*[7])
> Und es gibt keinen Gott außer Gott, dem Einen, der bezwingende Macht besitzt. (Sure 38, 65 b)

So lautet denn auch der erste Satz des kurzen islamischen Glaubensbekenntnisses: Es gibt kein göttliches Wesen außer Gott (Allah). Allah gilt als Kontraktion von ›al-ilah‹ (der Gott) – ein Begriff, der in Arabien schon in vorislamischer Zeit als Name für den höchsten Gott verwendet wurde.[8] Wer dieses Bekenntnis ausspricht, ist Muslim, und als Grundhaltung des sunnitischen wie schiitischen Islam (vgl. die Tabelle im Anhang) darf gelten: »Das Bekenntnis zum Islam ist nicht das Ganze des Glaubens, aber es gereicht (...) zur Rechtfertigung – nicht der Sünder, sondern allein die Ungläubigen und die Ketzer sind verdammt«.[9] Diese schwerste Sünde, ›shirk‹ (Beigesellung), will Gott nicht verzeihen. Zu ›shirk‹ gehört, andere Götter neben ihm anzurufen, aber auch, Gott menschliche Schwächen zuzuschreiben (s. Sure 43, 16–18) und umgekehrt ihm göttliche Attribute zu rauben und sie anderen zuzuerkennen: »Gott vergibt nicht, daß Ihm (etwas) beigesellt wird, und Er vergibt, was darunter liegt, wem Er will. Und wer Gott (andere) beigesellt, der ist weit abgeirrt.« (Sure 4, 116)

Die Angst vor dieser Todsünde führte zum striktesten Bilderverbot aller Religionen und sogar zum Streit um die im Koran selbst erwähnten Eigenschaften Gottes (radikale Monotheisten wollten von Gott nur die Aussage gelten lassen »Er ist«).[10] Schließlich einigte man sich darauf, alle Eigenschaften Gottes nach dem Koran (die häufigste ist ›ar-Raḥmān‹ – der Barmherzige) und auch die Anthropomorphismen stehen zu lassen. Sie sollen gelten unter den Vorbehalten ›lā tashbih‹ und ›bilā kayfa‹, also ohne zu vergleichen und zu fragen: »Wie?«[11]

›malāʾika‹, Engel, sind nach dem Koran geschaffene Wesen, die auch sündigen können, wie dies ›iblīs‹, der Teufel, getan hat (s. Sure 2, 30–36; 7, 11–27). Hoch im Ansehen steht dagegen der Engel ›djibrīl‹ (Gabriel), da er nach Sure 2, 97 als Vermittler der Offenbarung an Mohammed gilt.[12]

Schließlich gibt es noch die ›djinn‹, Wesen zwischen Menschen und Engeln, die schon die vorislamische Tradition Arabiens kannte.[13]

Den Titel ›nabiyy‹, Prophet, bekommen im Koran sehr viele Personen. Es sind alttestamentliche Gestalten darunter wie ›ibrāhim‹ (Abraham), ›yūsuf‹ (Joseph) und ›sulaymān‹ (Salomo) und neutestamentliche wie ›yaḥyā‹ (Johannes). Daneben werden mit dem Ehrentitel ›rasūl‹ die Schriftpropheten bezeichnet, denen Gott ein Buch geoffenbart hat. Diese Gesandten sind ›musa‹ (Mose – Tora), ›dāwūd‹ (David – Psalmen ›zabūr‹), ›ʿīsā‹ (Jesus – Evangelium ›indjīl‹) und natürlich Mohammed (Koran). Er ist das Siegel (›khātam‹) der Propheten.[14] Alle früheren Propheten waren zu einzelnen Völkern gesandt, mit immer der gleichen Botschaft, die sie ausweist: die Einheit Gottes und als deren Folge die Einheit der Menschheit. So können Muslime alle Propheten anerkennen und Mohammed in diese Reihe einordnen als ihren Propheten, den Propheten der Araber.

Gleichzeitig aber hat Mohammed Bedeutung für die gesamte Menschheit: Juden und Christen haben im Lauf der Zeit die Schriften, die sie empfangen hatten, verfälscht und so die Sendung Mohammeds und die Offenbarung des Korans notwendig gemacht. Gott vollendete in Mohammed die Sendung der früheren Propheten, da Mohammed die Lehren des Islam in ihrer ursprünglichen Form neu vorstellte und der Menschheit so die göttliche Rechtleitung (s. u.), die größtenteils verloren war, wiedergab. Diese Rechtleitung ist eingeschlossen im Koran.[15] Konsequenterweise behauptet der Islam also von sich, gleichzeitig die Religion der Araber und eine Weltreligion zu sein. Jedes Kind, das geboren wird, ist von Natur ein Muslim, denn der Islam wird als die uranfängliche, die natürliche Religion eingestuft. Im Koran werden deshalb auch Gestalten wie Abraham, Jesus und dessen Jünger, die alle vor Mohammed lebten, als Muslime bezeichnet.[16]

Das Prophetentum Mohammeds bildet den zweiten Teil des Glaubensbekenntnisses. Die Offenbarung des Korans und der Koran selbst tragen praktisch keine menschlichen Züge. Was Mohammed Stück für Stück in Auditionen offenbart wurde, gilt als die getreue Kopie der himmlischen »Urschrift«, bis hin zum kleinsten arabischen Wort. Deshalb kann der Koran auch nicht wirklich übersetzt werden, schon gar nicht für den liturgischen Gebrauch. Es hätte auch niemand so etwas fälschen können (s. Sure 17,88). Daß der Analphabet (?) Mohammed ein sprachlich und literarisch derartig hochstehendes Werk hinterlassen hat, wird sogar als prophetischer Wunderbeweis gewertet.[17] Im Koran selbst heißt es: »Sprich: (...) So glaubt an Gott und seinen Gesandten, den ungelehrten Propheten, der an Gott und seine Worte glaubt, und folgt ihm, auf daß ihr die Rechtleitung findet.« (Sure 7, 158)

Es geht nach islamischem Verständnis bei allen geoffenbarten Büchern nicht um Gottes Wesen oder irgendeine Heilsgeschichte, sondern um Gottes *Willen* für die Menschen. Das immer wieder gebrauchte Stichwort ist ›al-hudan‹ (die Rechtleitung). Selbst der Streit, ob der Koran geschaffen oder ungeschaffen sei, erhielt seine Bedeutung erst aus den sich daraus ergebenden juristischen und damit politischen Folgen.[18]

Letztlich wurde und wird der Koran wörtlich genommen und auch materialiter mit größter Hochachtung behandelt: Er wird über allen anderen Büchern aufbewahrt, nicht auf den Boden gelegt, nur schützend eingehüllt transportiert, vor jeder Rezitation muß eine Waschung erfolgen usw.

Es gibt wohl keinen bei den Muslimen selbst anerkannten Muslim, der nicht behauptet hätte, der Koran sei das Wort Gottes. Jede Überlegung, daß Mohammed seine Überzeugung aus jüdischen und christlichen Quellen gelernt habe, ist in den Augen eines Muslims die größte Gotteslästerung.[19]

›al-akhira‹, die letzten Dinge, spielten am Anfang von Mohammeds Wirken in Mekka eine große Rolle. Die frühen Suren aus dieser Zeit schildern den Umsturz aller Dinge, Paradies und Hölle in den glühendsten Farben.[20] Solche Vorstellungen sind bis heute Kraftquellen gerade für die radikaleren Gruppen im Islam, die sich oft – wie die Schiiten – nur schwer gegen die Übermacht der islamischen Orthodoxie behaupten konnten.

Es gehört aber zu den Grundüberzeugungen aller Muslime, daß am letzten Tag alle Toten leiblich auferstehen, zu Gott zurückkehren und von ihm nach ihren Sünden und ihrer Umkehr gerichtet werden. Es lohnt sich also, ein Leben nach Gottes Anweisungen zu führen, jetzt und vor allem später, denn es heißt im Koran: »Es genügt nur ein einziger Schrei, da werden sie allesamt bei Uns vorgeführt. ›Heute wird niemandem irgendein Unrecht getan. Und euch wird nur das vergolten, was ihr zu tun pflegtet.‹« (Sure 36, 53-54)

›dj̲abr‹, Zwang, ist das arabische Stichwort für die Frage der Prädestination, um die es in der muslimischen Geschichte eine lange Auseinandersetzung gab. Einerseits wird der Mensch für seine Taten verantwortlich gemacht, andererseits ist Gott so einzigartig, daß er alles bestimmt, sogar Annahme und Ablehnung des Korans: »Es ist nicht deine Aufgabe, sie rechtzuleiten, sondern Gott leitet recht, wen Er will.« (Sure 2, 272 a)

Die Gruppe der Muʿtaziliten einerseits betonte die Verantwortung und Willensfreiheit des Menschen (wie Gebote sie ja voraussetzen), während die D̲jabriten andererseits eine strenge Prädestination und einen praktisch willenlosen Menschen behaupteten. Eine dritte Gruppe schaffte schließlich den Ausgleich, und ihre Auffassung wurde zu der der Orthodoxie: Der Mensch erwirbt mit göttlicher Kraft die ihm vorherbestimmten Handlungen.[21] Das Gewicht liegt also deutlich auf der göttlichen Seite, doch hat man es insgesamt aufgegeben, das Problem menschlich lösen zu wollen, und führt pauschal alles auf Gottes Wirkung zurück: »Wir glauben an das erste Glied dieser Kette (an die uneingeschränkte Macht Gottes) und an das letzte (die Tätigkeit des Menschen), wir lassen aber außer Betracht das, was zwischen beiden ist«.[22]

Dieser islamische Glaube ist unabdingbar, um ein gottgefälliges Leben zu führen und später ins Paradies zu kommen. Obwohl der Islam, und besonders sein Monotheismus, als mit dem menschlichen Verstand und mit den in der Natur zu beobachtenden Phänomenen übereinstimmend gilt, braucht die Menschheit doch Gottes Rechtleitung im Koran. Falsch und richtig sind nämlich keine neutralen, mit dem Verstand erkennbaren Größen, sondern werden von Gott allein festgesetzt. Also können die Menschen sie nur durch Gottes Offenbarung und den von Gott geschenkten Glauben erkennen und danach handeln.[23] Nach muslimischer Überzeugung versieht der Islam die Muslime mit dem Maßstab, nach dem sie gutes bzw. schlechtes Verhalten bestimmen können. Dabei begründet der Islam das Wissen um gut und böse nicht allein mit Verstand, Intuition oder Erfahrung, die ja dem Wandel unterworfen sind und von daher keine klaren und unabänderlichen moralischen Normen liefern können. Stattdessen gibt er den Muslimen eine objektive Quelle moralischer Normen, nämlich die göttliche Offenbarung, verkörpert im Koran sowie in der ›sunna‹, den gesetzlich verbindlich gewordenen Aussagen und Handlungen des Propheten Mohammed.[24]

Islamischer Glaube ohne islamisches Leben ist undenkbar. Islam ist in Lebenspraxis umgesetzter Glaube, umgesetzte Einheit Gottes. In seinem Buch über islamisches Leben bezeichnet es daher der muslimische Autor Sayyid Abul Aʿla Mawdudi gleich zu Beginn als Hauptkennzeichen des Islam, daß er keinen Unterschied zwischen dem Geistlichen und dem Weltlichen im Leben mache.[25] Kein Lebensbereich – das wird in den nächsten Abschnitten noch genauer dargelegt – bleibt dabei ausgespart. Gerade weil Gott Einer ist, muß die Antwort an ihn ungeteilt sein.[26] In diesem Sinn gilt: Der Islam ist totalitär.[27]

Gehorsam

Alles im Leben eines Muslim soll nach dem Koran und dem Vorbild des Propheten gestaltet sein. Als das Minimum an grundlegenden Pflichten eines jeden Muslim gelten die fünf Säulen (›arkān‹) des Islam: ›shahāda‹ (Glaubensbekenntnis), ›ṣalāh‹ (Gebet), ›zakāh‹ (Almosensteuer), ›ṣawm‹ (Fasten) und ›ḥadjdj‹ (Wallfahrt).[28] Sie sind bereits im Koran erwähnt, und Abraham soll darüber schon einen Bund mit Gott geschlossen haben, bevor er überhaupt geboren wurde.[29]

Und verrichtet das Gebet und entrichtet die Abgabe, und gehorchet dem Gesandten, auf daß ihr Erbarmen findet. (Sure 24, 56)
O ihr, die ihr glaubt, vorgeschrieben ist euch, zu fasten, so wie es denen vorgeschrieben worden ist, die vor euch lebten, auf daß ihr gottesfürchtig werdet. (Sure 2, 183)
Und vollzieht die Wallfahrt und den Pilgerbesuch für Gott. (Sure 2, 196 a)

»la ilaha illa Allah; Muhammadun rasulu Allah«[30] – »Es gibt kein göttliches Wesen außer Gott; Mohammed ist Allahs Gesandter.« Wer seine Absicht bekundet, dieses islamische Glaubensbekenntnis auszusprechen und es auch tut, der ist Muslim. Eine solche Absichtserklärung ist bei jeder religiösen Pflicht vorgeschrieben.[31] Das Glaubensbekenntnis ist dabei zweifellos die erste Pflicht und der Schlüssel zu allen folgenden, auch zum täglichen Gebet, dessen Bestandteil es ist. Diese fünf Pflichtgebete am Tag – ›ṣalāt al-fadjr‹, ›ṣalāt aẓ-ẓuhr‹, ›ṣalāt al-ʿaṣr‹, ›ṣalāt al-maghrib‹, ›ṣalāt al-ʿishāʾ‹ – sind den Muslimen vorgeschrieben: vor Sonnenaufgang, mittags, am späten Nachmittag, nach Sonnenuntergang und vor dem Schlafengehen (bis Mitternacht).[32]

Das Gebet ist von Vorschriften begleitet. Es muß in ritueller Reinheit erfolgen, deshalb die Waschung vorher, die Gebetsteppiche und das Verbot, eine Moschee mit Schuhen zu betreten. Die Ausrichtung nach Mekka ist vorgeschrieben (s. Sure 2, 144–150), ebenso die einzelnen Haltungen wie Stehen, Sitzen, Knien, Niederwerfen. Sie drücken die Ergebung Gott gegenüber aus. Die langen Reihen beim Freitagsgebet in der Moschee (Vorschrift für die Männer, während die Frauen auch zu Hause beten können) verstärken das Gefühl von Gleichheit vor Gott und Zusammengehörigkeit untereinander. Das Gebet in Gemeinschaft gilt auch mehr als das Gebet allein.[33]

Zum Gebetsruf gehören das Glaubensbekenntnis und die Feststellung: »Gott ist am größten«. Die Gebetstexte sind vorgeschrieben (sämtlich in arabischer Sprache): Glaubensbekenntnis, ›fātiḥa‹ (Eröffnungssure des Koran), weitere Korantexte, Gebete und Segensformeln. Am Freitag mittag in der Moschee kommt noch eine Ansprache hinzu.[34] Das Pflichtgebet ist eine ständige Erinnerung daran, daß das ganze Leben Gott gehört, auf ihn ausgerichtet und seinem Willen unterworfen sein soll. Es hat durchaus Heilsdimension. Vom Propheten ist überliefert: »Wer die dazu nötigen Teilwaschungen gut vollzieht, sie (die Gebete) zu ihrer Zeit verrichtet und die dazugehörige Verbeugung und Andacht vollständig vollzieht, hat bei Gott Anspruch darauf, daß er ihm vergibt.«[35]

Die Muslimin Mona Abul-Fadl schreibt über das Pflichtgebet, daß es gleichzeitig den Glauben nähre und die Gemeinschaftsbande pflege. Es sei eine tägliche Heiligung der Einheit Gottes und der daraus resultierenden Auswirkungen für die Einheit und Integration des Lebens des Einzelnen und der Gemeinschaft.[36]

Freie, persönliche Gebete (›duʿāʾ‹) sind dagegen von minderer Bedeutung und dürfen auch erst nach Abschluß des vorgeschriebenen Gemeinschaftsgebets angefügt werden.

›zakāh‹ ist eine speziell muslimische Einrichtung, die am ehesten mit Almosensteuer zu übersetzen ist. Ab einem genau festgelegten Mindesteinkommen werden Besitz und Erträge mit einer Pflichtabgabe von mindestens 2,5 Prozent belegt. Diese Einkünfte werden nach Sure 9, 60 ausschließlich zum Wohl armer Muslime oder allgemein zur Förderung des Islams verwendet.[37]

Die Almosensteuer erfüllt einen mehrfachen Zweck: Die Ärmeren werden von der Glaubensgemeinschaft aufgefangen, ohne sich als reine Almosenempfänger fühlen zu müssen. Die Wohlhabenden praktizieren Solidarität mit den Ärmeren, das Zusammengehörigkeitsgefühl der Gemeinschaft insgesamt wird gestärkt. Außerdem erinnert diese Steuer den Gebenden daran, daß sein Besitz nur Leihgabe Gottes ist, und lehrt ihn, sein Leben nicht auf Erwerb von vergänglichem Besitz auszurichten, sondern auf den einen Gott. Nebenbei reinigt die Entrichtung der Almosensteuer auch den Besitz und sichert damit seinen Bestand und sein Wachstum.[38] Im Koran heißt es: »Ihr werdet die (wahre) Frömmigkeit nicht erlangen, bis ihr von dem spendet, was ihr liebt.« (Sure 3, 92 a)

›laylat al-ḳadr‹, die Nacht der Bestimmung, und der Fastenmonat Ramadan insgesamt sind für die muslimische Welt ein gemeinschaftliches Großereignis. Da zwischen Sonnenaufgang und Sonnenuntergang Essen, Trinken, Rauchen und ehelicher Verkehr verboten sind (von Sonderregelungen abgesehen), verlangsamt und verschiebt sich der gesamte Tagesablauf, die Nächte werden ein großes gemeinsames Fest. Der Ramadan ist der neunte Monat des muslimischen Jahres und wandert als Mondmonat durch alle Jahreszeiten.[39] Der Ramadan und vor allem die Nacht der Bestimmung, in der erstmals der Koran auf Mohammed herabgesandt wurde (s. Sure 97), sollen aber auch eine Zeit der Besinnung sein und der inneren Läuterung dienen. Da auf den Pflichtgebeten in dieser Zeit besonderer Segen ruhen soll, sind sie besser besucht als sonst. Frömmere Muslime bemühen sich, in den Nächten den gesamten Koran zu rezitieren, und gehen in den letzten zehn Tagen für Gebete und Studien in der Moschee in Klausur.[40] Mohammed selbst sagte:

> *Ramadān ist nun bei euch eingetroffen, ein gesegneter Monat. Gott hat euch auferlegt, in ihm zu fasten. In ihm werden die Tore des Paradieses geöffnet, die Tore der Hölle geschlossen und die rebellischen Satane gefesselt. Gott gehört in ihm eine Nacht, die besser ist als tausend Monate.*[41]

›ḥadjdj‹, die Wallfahrt zur Kaaba nach Mekka im dafür vorgesehenen zwölften Monat des muslimischen Kalenders, gilt als die höchste religiöse Erfahrung, die ein Muslim machen kann. Die Kaaba ist ein vorislamisches Heiligtum, nach islamischer Tradition von Abraham und seinem Sohn Ismael erbaut (s. Sure 22, 26–29). Jeder Muslim, ob Mann oder Frau, sollte einmal im Leben dorthin pilgern, wenn es sich irgend bewerkstelligen läßt. Wieder ist ein besonderer Weihezustand vorgeschrieben: Waschungen, Gebete, weißes Pilgergewand, keine sexuellen Aktivitäten, Streitigkeiten oder Jagden.

Auch der Ablauf ist ziemlich genau festgelegt: siebenmaliges Umrunden der Kaaba, Rennen zwischen den Hügeln ›ṣafā‹ und ›marwa‹, Stehen am Berg ›ʿarafāt‹, symbolisches Steinigen des Teufels. Die Wallfahrt beginnt am 7. des Monats und endet am 10., dem Tag des höchsten islamischen Festes ›ʿīd al-aḍḥā‹ (Opferfest) mit einem Schlachtopfer.[42]

Die Wallfahrt steckt voller Symbolik: Der Weihestatus verweist auf die äußere und innere Läuterung. Die gleichen Riten und Gewänder vereinen Menschen unterschiedlichster nationaler und sozialer Herkunft. Die anstrengenden Tätigkeiten deuten darauf hin, daß Glaube auch Aktivsein und sogar Kampf (z. B. das Steinigen) bedeutet. Das Stehen am Berg ›ʿarafāt‹ gibt eine Vorahnung des Tages, an dem alle Menschen gleichermaßen vor Gott, ihrem Richter, stehen werden. Ob Umkreisen der Kaaba oder Opfer, alles soll an den einen Gott erinnern, von dem das Leben kommt und zu dem es zurückkehrt. Die Wallfahrt ist eine Erneuerung der Hingabe an diesen einen Gott. Der Pilger betritt Mekka durch das Tor dessen, der das Versprechen abgibt, und gebraucht den Labbaika-Ruf, ungefähr zu übertragen mit »zweifach zu Deinen Diensten«.[43] Die Muslimin Mona Abul-Fadl beschreibt die Wallfahrt als einen kurzen Blick in Höhen, die der einzelne in seinem weltlichen Leben wahrscheinlich nie erleben würde. Die Wallfahrt sei der Inbegriff des Lebens selbst. Einen solchen Augenblick in Worte zu fassen sei wie der Versuch, das Wesen des Lebens zu beschreiben. Nur wenige Menschen seien sich dieses Wesens bewußt; noch weniger Menschen kennten es und die wenigsten hätten es je erfahren. Der Pilger, dessen Wallfahrt von Gott angenommen worden sei, kehre in die Welt zurück mit der Gewißheit des Bewußtseins, der Erkenntnis *und* der Erfahrung.[44]

Mit dem Begriff der persönlichen Frömmigkeit verbindet man im Islam besonders die Sufis, die frommen Asketen, deren Name von ihrem groben Wollgewand abgeleitet ist. Ihre Frömmigkeitstraditionen gehen einerseits auf den Propheten Mohammed (und einige seiner Gefährten) zurück, andererseits sind die Parallelen zu mystischen Strömungen anderer Religionen unverkennbar.[45] Die Sufis fanden wie manche andere von den Sunniten (›sunna‹ – Tradition) abgelehnte Gruppierung eine Heimstatt bei den Schiiten (›s̲h̲īʿa‹ – Partei). Diese hatten sich aus politischen Gründen von den Sunniten abgespalten, waren aber mit ihren Ansprüchen auf den Kalifenthron gescheitert (vgl. die Tabelle im Anhang). Nach diesem Scheitern wurde aus der politischen Erwartung eine religiöse Endzeithoffnung.[46]

Dem Hauptstrom des sunnitischen Islam blieb der Sufismus lange suspekt, denn eine persönliche Beziehung zu Gott anzustreben, von Liebe zwischen Gott und Mensch zu sprechen und nicht nur von Gebot und Gehorsam, ist dem Islam ursprünglich genauso fremd wie die asketischen und mystischen Züge des Sufismus.[47] Erst durch den großen Rechtsgelehrten, Theologen und auch Mystiker al-Ghazzali († 1111) wurde der Sufismus im sunnitischen Islam hoffähig und heimisch, ja übte sogar einen stark prägenden Einfluß aus: Viele Sufiorden und -klöster wurden gegründet, wobei die Gründer der vier wichtigsten Orden (darunter der Orden der tanzenden Derwische) später zumeist wie Heilige verehrt wurden. Bis heute haben Sufismus und Sufiorden dem Islam und der islamischen Gemeinde immer neue geistliche Anstöße gegeben und sie vor Veräußerlichung und Erstarrung bewahrt.[48]

Die mystisch-spirituellen Traditionen der Sufis, genannt ›ṭarīḳa‹ (Weg, auch Bezeichnung für die Orden selbst), werden vom Meister an die Schüler weitergegeben. Der Weg hat drei Stufen, auf deren höchster der Mensch ganz verschwindet und nur noch Gott existiert. Wichtigstes Hilfsmittel dazu ist eine Meditationsübung, ›d̲h̲ikr‹, bei der beständig in einer bestimmten Körperhaltung das Glaubensbekenntnis oder der Name Gottes wiederholt werden. (Es gibt ›d̲h̲ikr‹ der Zunge, des Herzens und schließlich des innersten Seelengrundes.) Man betonte zwar, daß nur Gott heilig ist, aber die Selbstaufgabe auf der letzten Stufe des mystischen Weges wird auch als ekstatische Vereinigung mit Gott erlebt und führt zu häretisch klingenden Aussagen. Auf diesem Boden entstand auch eine Andachtsliteratur von höchstem poetischen Rang.[49] Hier sei ein Beispiel von Ibn ʿArabi für die Einheitsmystik wiedergegeben:

Wenn mein Geliebter erscheint –
mit welchem Auge sehe ich Ihn?
Mit Seinem Auge, nicht mit dem meinen,
denn niemand sieht Ihn als Er selbst.[50]

Gesetz

»Islam (oder Religion) und Herrschaft sind Zwillinge. Eins kann ohne das andere nicht gedeihen. Der Islam ist die Grundlage und die Regierung der Wächter. Was keine Grundlage hat, bricht zusammen, und was keinen Wächter hat, geht zugrunde.«[51]

Die Religion ersetzte für die Muslime nach der Flucht von Mekka nach Medina 622 (›al-hidjra‹) die Stammesbande. Es entstand die islamische Gemeinde (›umma‹). Die für einen Stamm typischen Verpflichtungen übertrugen sich auf die Religionsgemeinschaft: Wer auch immer Muslim wird, hat Bürgerrecht und Anspruch auf Hilfe in der muslimischen Welt, auch wenn die Praxis dem Anspruch meist hinterherhinkt. Das Gefühl der Zusammengehörigkeit der gesamten muslimischen Welt bleibt spürbar, ebenso das moralisch-religiöse Herrscherideal der ersten vier rechtgeleiteten Kalifen. Das macht es Dynastien wie Demokratien schwer. Selbst die Aufteilung in Nationalstaaten erfolgte spät und halbherzig und ist zumindest theoretisch nicht unangefochten.

Die prinzipielle Gleichheit aller Menschen (s. Sure 4, 1; 25, 54) trägt der Islam sozusagen als sozial- und gesellschaftspolitisches Grundbekenntnis vor sich her, sie wird als eine logische Folge des Monotheismus verstanden. Tatsächlich kennt der Islam keinen Rassismus, was ihn für die afroamerikanische Bevölkerung in den USA z.T. attraktiv macht (Black Muslims). Wie bei der Vorstellung der rechtlichen Einzelregelungen noch deutlich werden wird, haben allerdings Frauen und Anhänger anderer monotheistischer Religionen andere, d.h. objektiv weniger Rechte. Für Polytheisten und Verräter, die vom wahren Glauben abgefallen sind, ist in der muslimischen Gesellschaft überhaupt kein Platz. Da sich die Muslime als die beste aller Gemeinschaften verstehen, setzen sie viel daran (›djihād‹ – Bemühung), auch andere an deren Segnungen teilhaben zu lassen. Das ist ihre religiöse Pflicht, und sie haben damit durchaus Erfolg, vor allem in der Dritten Welt.[52]

Ihr seid die beste Gemeinschaft, die je unter den Menschen hervorgebracht worden ist. Ihr gebietet das Rechte und verbietet das Verwerfliche und glaubt an Gott. Würden die Leute des Buches glauben, es wäre besser für sie. (Sure 3, 110 a.b.c)

Der Islam strebt danach, eine auf seinen Grundsätzen beruhende, ideologische Gesellschaft aufzubauen, die sich von den existierenden, auf Rasse, Nationalität und kultureller Zugehörigkeit aufgebauten Gesellschaften der heutigen Welt grundlegend unterscheidet.[53] Aus diesem Grund, glauben Muslime, werde der Islam im Westen sehr gefürchtet.[54] Die islamische Gemeinschaft stellt aber auch sehr weitgehende Ansprüche an den einzelnen: Das Prinzip der Einheit Gottes ist z. B. unvereinbar mit der Vorstellung von der rechtlichen und politischen Unabhängigkeit des Menschen, ob einzeln oder als Gemeinschaft.[55] Wo Muslime in der Mehrheit seien, sei es nur natürlich zu erwarten, daß das islamische Recht das einzige Gesetzeswerk für eine solche Gesellschaft sei, denn es sei das einzige Recht, auf das Personen, die die Einheit Gottes anerkennen, sich beziehen und das sie anerkennen könnten.[56]

›sharīʿa‹ ist ein ideales Recht, das von juristischen, ethischen und religiösen Vorschriften bis hin zu Benimm- und Hygieneregeln alles enthält, also das gesamte Leben umfaßt. Als typisches ›ius divinum‹ (göttliches Recht) kann es nur durch religiöse Autoritäten entfaltet, aber niemals geändert werden. Theoretisch haben Staat und Politik keine legislative Gewalt, sondern müssen sich sogar in Fragen der Politik und der Kriegsführung belehren lassen. ›sharīʿa‹ gibt es auch nicht als Gesetzbuch, sondern nur in der Tradition einer Schule. Geltungsmäßig umfaßt sie sowohl Vorschriften für Muslime als auch für muslimisch beherrschte Länder, ist also eine Mischung zwischen Personal- und Territorialrecht. Jeder Muslim muß ›sharīʿa‹ insgesamt als göttliches, für ihn alleingültiges Recht anerkennen, es wird aber nicht erwartet, daß er wirklich alle Vorschriften einhalten kann.[57]

›sharīʿa‹ bezieht sich in erster Linie zurück auf den Koran. Da dieser nur verhältnismäßig wenige Rechtsvorschriften enthält, mußte man noch auf das Vorbild Mohammeds (›sunna‹) als nachgeordnete Quelle zurückgreifen (vgl. Sure 3, 132). Da bald jeder seine Entscheidung mit einer Überlieferung vom Propheten zu begründen wußte, versuchte man, alle Überlieferungen nach strengen Glaubwürdigkeitskriterien zu prüfen. Als zuverlässig gelten die ›ḥadīth‹-Sammlungen von al-Bukhari und Muslim.[58]

Was die menschliche Komponente der Rechtsfindung (Bemühen ›idjtihād‹) angeht, so haben sich fünf verschiedene Schulen herausgebildet, vier im sunnitischen Islam (Hanafiten, Malikiten, Schafiiten, Hanbaliten – benannt nach den Gründern) und die schiitische Schule, die Imamiten. Letztere hat de facto Ähnlichkeiten mit den Hanafiten. Alle vier sunnitischen Rechtsschulen sind gleichwertig, gestützt durch eine Überlieferung, nach der rechtliche Uneinigkeit sogar eine göttliche Gunst darstellt.[59]

Die *Hanafiten* waren die offizielle Rechtsschule der abbasidischen Kalifen und des osmanischen Reiches. Sie sind heute noch tonangebend in der Türkei, aber auch auf dem Balkan, in Indien, Afghanistan und Pakistan und umfassen insgesamt ein Drittel der Muslime. Neben ›ḳiyās‹ (Analogieschluß nach Präzedenzfällen) und ›idjmāʿ‹ (Konsens aller Juristen einer Zeit), die für fast alle Rechtsschulen gelten, betonen sie als die älteste Schule noch das alte Gewohnheitsrecht, auf das auch Mohammed öfter verwiesen hatte. Ihren liberalen Ruf brachte ihnen die Einrichtung des juristischen Gutdünkens (›istiḥsān‹) ein.

Die *Malikiten* stammen ursprünglich aus Medina, der Stadt des Propheten. Von daher haben sie besondere Autorität und beschränken ›idjmāʿ‹ auf die Juristen Medinas. Sie gelten als konservativ und traditionsgebunden, kennen aber immerhin die spezielle ›istiṣlāḥ‹ (Wohlfahrt der Gemeinde) als juristisches Kriterium. Heute sind sie prägend am Persischen Golf sowie in Nord-, West- und Zentralafrika.

Die *Schafiiten* waren bis zum osmanischen Reich die dominierende Schule, gerade im arabischen Raum, und beeinflußten die Rechtswissenschaft als solche entscheidend. Sie beschränken sich auf die Hauptprinzipien der Rechtswissenschaft. ›idjmāʿ‹ sollte alle Muslime umfassen, da der Prophet seine Gemeinde als ganzes für unfehlbar erklärt hat, doch das erwies sich als undurchführbar. Die Schafiiten haben heute ihre Haupteinflußgebiete im vorderen Orient, Ostafrika, Malaysia, Indonesien und Zentralasien.

Die *Hanbaliten* erkennen neben ›istishāb‹ (einer Art juristischer Offensichtlichkeit) nur das an, was sich auf den Koran und/oder eine Tradition des Propheten zurückführen läßt. Die juristische Diskussion ist minimal. Die Hanbaliten hatten ihre Anhänger vor allem beim einfachen Volk, erlebten dann einen Niedergang und später mit der wahhabitischen Reformbewegung einen neuen Aufschwung. Sie sind die kleinste und strengste aller Rechtsschulen, heute eng verbunden mit dem Herrscherhaus as-Saud (Saudiarabien). Damit ist ihre Rechtsauffassung auch verbindlich für alle Mekkapilger während der Dauer der Wallfahrt.

Die *Imamiten* schließlich hatten ihre Hochburg seit jeher im schiitischen Iran. Sie kennen, undenkbar für den sunnitischen Islam, eine Fortsetzung der göttlichen Offenbarung durch die zwölf Imame. Da aber 873 der letzte unfehlbare Imam entrückt wurde, geschieht ›idjtihād‹ bis zu seiner Wiederkunft durch ›ʿaḳl‹ (Vernunft) im Konsens der Juristen. Sie sind die einzige Rechtsschule, bei der ›idjtihād‹ überhaupt noch legitim ist. In den sunnitischen Rechtsschulen wurde dagegen konstatiert, die selbständige Rechtsfindung habe aufgehört (Schließung der Tore des ›idjtihād‹): Da jede vorausgegangene Entscheidung verbindlich war, meinte man, es bleibe nichts mehr zu entscheiden.

All das bedeutet aber keineswegs, daß ›sharīʿa‹ ein in sich geschlossener, unflexibler Rechtskodex ist. Im Gegenteil, jeder neue Fall muß eigens eingeordnet werden, und es ist theoretisch auch möglich, daß er sich als Ausnahmefall ohne Parallelen erweist und von daher eine selbständige richterliche Entscheidung verlangt. Selbst göttlich festgelegte Bestimmungen wurden seit frühester Zeit zwar anerkannt, dann aber mit legalen Mitteln außer Kraft gesetzt oder umgangen. Die meiste mittelalterliche Rechtsliteratur z. B. befaßt sich mit sogenannten Umgehungsgeschäften, also Rechtskniffen des Fachmanns, um etwas zu erreichen, was auf geradem Weg nicht erlaubt ist. Auch auf staatlicher Ebene gibt es durchaus ähnliche Phänomene. Die Herrscher durften zwar keine Gesetze erlassen, wohl aber Verwaltungsanordnungen, und sie durften die Richter einsetzen und die Kompetenzen der Gerichte bestimmen. Bei großzügiger Auslegung und geschickter Handhabung ließen sich so viele Neuerungen und sogar die verbotenen Gesetzbücher einführen. So verbreitete sich mit der Zeit immer stärker ein Eklektizismus, bei dem man sich aus den Meinungen der anerkannten vier Schulen und schließlich sogar aus Minderheitenmeinungen das nahm, was der gewünschten Lösung entsprach. Sehr weitgehend wurde auch mit dem öffentlichen Wohl (›maṣlaḥa‹) argumentiert, was ja schließlich der Prophet schon getan hatte, um koranische Vorschriften vorübergehend außer Kraft zu setzen. ›maṣlaḥa‹ kann z. B. bewirken, daß ein Verhalten nachträglich kriminalisiert und bestraft wird. Schließlich wird, im Anschluß an Omar, den zweiten Kalifen, auch mit ›rūḥ at-tas̲h̲rīʿ‹, dem Geist der Gesetzgebung, als dem ursprünglichen Grund eines Gesetzes argumentiert. Durch diesen Rückgriff auf die Quelle läßt sich eventuell zeigen, daß inzwischen völlig veränderte Umstände herrschen und deshalb eine Anordnung hinfällig ist.[60]

Irgendwo in diesem Spektrum lassen sich die meisten muslimischen Staaten einordnen. Offiziell abgeschafft wurde ›s̲h̲arīʿa‹ nur ganz selten, so z. B. in der Türkei. Umgekehrt gibt es auch in fast allen muslimischen Staaten heute offizielle, nicht religiös motivierte Gesetzbücher – mit Ausnahme Saudiarabiens beispielsweise. Insgesamt rühmt man sich der islamischen Gesetzgebung und fordert sogar deren Berücksichtigung bei der internationalen Menschenrechtskonvention. Aber ›s̲h̲arīʿa‹ ist praktisch in keinem Land Rechtswirklichkeit und ist es seit den vier rechtgeleiteten Kalifen nicht gewesen. Es verstärken sich jedoch in den letzten Jahren konservative Tendenzen, die Lockerungen zurücknehmen wollen.[61] Zwei Aussagen mögen die potentiellen Spannungen andeuten:

Zu allen Zeiten ergab sich (...) ein häufig beklagtes Auseinanderklaffen von Theorie und Praxis, das geradezu typisch für das islamische Recht ist. Doch blieb trotz der ›Unwirklichkeit‹ des islamischen Rechts der theoretische Geltungsanspruch der šariʿa stets gewahrt. Andererseits hat die Möglichkeit, sich mit der formalen Geltung des islamischen Rechts zu begnügen, aber auch das Festhalten am islamischen Recht begünstigt.[62]

Doch ist und bleibt der Maßstab für eine Änderung und Neuregelung der islamischen Gesetze der Islam selbst. Nicht der rastlose Wandel der zügellosen Wünsche – selbst wenn diese kollektiv sind – und nicht die von außen an den Islam herangetragenen Kriterien, sondern nur die immanent islamischen Maxime, Werte, Zielsetzungen und Maßstäbe sind es, die unter streng fachmännisch und gewissenhaft überprüften neuen Verhältnissen einen Wandel herbeirufen können.[63]

Der Islam ist also weit weniger monolithisch, als Christen oft annehmen und Muslime gerne behaupten. Dazu tragen nicht nur seine Rechtsschulen bei, sondern auch die geographischen Gegebenheiten. Nach einer Studie des ÖRK führt das reiche Gefüge der Volksfrömmigkeit zu einer religiösen Gemeinschaft, die alles andere als einheitlich ist. Geschichte, politische Strukturen, Mehrheits-/Minderheitsverhältnisse in religiösen Gemeinschaften seien Faktoren, die berücksichtigt werden müßten, wann immer man einen Versuch unternehme, den Islam in einem vorgegebenen Umfeld zu verstehen.[64]

Ein besonders anschauliches Beispiel dafür ist *Indonesien*, das Land mit den meisten Muslimen dieser Erde. Sie sollen 90 Prozent der Gesamtbevölkerung Indonesiens ausmachen, doch nur 10 Prozent dieser Bevölkerung nehmen – schätzungsweise – ihre religiösen Pflichten in einer Weise ernst, die der wahhabitischen Reformbewegung nahesteht. Da sich der Islam auf den Inseln des indonesischen Archipels jahrhundertelang friedlich durch Händler verbreitete und eine einzigartige Symbiose mit Elementen der hinduistisch-buddhistischen Hochkultur vor allem in Java einging, stießen die Reformations- und Bekehrungsversuche der Strenggläubigen auf wenig Sympathie bei der Mehrheit der Bevölkerung.

Es kam schließlich in West-Sumatra zu einem regelrechten Krieg zwischen der ›sharīʿa‹-Partei und denen, die an vielen traditionellen indonesischen Bräuchen festhielten. Letztere riefen nach einem Blutbad an ihrer Fürstenfamilie sogar die niederländische Kolonialmacht zur Hilfe. Die Spur dieser Auseinandersetzung zieht sich über die Unabhängigkeit Indonesiens (1945) hinweg bis in die Gegenwart. Indonesiens Verfassung beruft sich zwar ausdrücklich auf einen Gott, doch sie ist nicht offiziell islamisch, sondern stellt einen äußerst geschickten Kompromiß dar, den jede Seite in ihrem Sinn verstehen kann, so sie will. Schließlich ist die Insel Bali ja hinduistisch, und auch sonst gibt es auf indonesischem Staatsgebiet noch viele nicht offiziell anerkannte Stammesreligionen und natürlich auch Christen. Mischehen sind durchaus üblich. Die Verfassung fand zunächst Anklang von allen Seiten, wird aber von strenggläubigen Muslimen mehr und mehr als unislamisch in Mißkredit gebracht. Ihr Ziel ist es, zunächst die muslimischen Massen Javas zu islamisieren (und zu diesem Zweck z. B. eine Diakonie nach christlichem Muster aufzubauen) und durch diese demokratische Mehrheit dann Indonesien zum islamischen Staat mit weitestgehend islamischer Gesetzgebung zu machen. Mit Schwierigkeiten aller Art ist dabei zu rechnen, das Ergebnis nicht vorauszusagen.[65]

> *Für Imaduddin als Moslem und Abkömmling Sumatras war Indonesien ein Land, das gereinigt werden mußte. Sein Glaube war so groß, daß er sein Land von seiner Geschichte, seiner Tradition, seiner Kunst, kurz seiner ganzen Eigentümlichkeit trennen konnte. Sein Glaube war zu einfach für Indonesien, ganz gewiß für Java, zu einfach sogar für den koum ⟨muslimischen Ältesten⟩ von Linus' Dorf. Und Indonesien – übervölkert, mit so vielen entwurzelten Menschen, wo nur die Armee das Land zusammenhielt – war zu zerbrechlich für seine Art von Protest.*[66]

Die Bestimmungen von ›shari'a‹, um die oft so heftig gestritten wird, lassen sich in drei Bereiche einteilen: Handels- und Vermögensrecht, Strafrecht, Familien- und Erbrecht. Die Anzahl der spezifisch islamischen Bestimmungen steigt in dieser Reihenfolge. Die Abweichungen der Rechtsschulen untereinander sind beim Familien- und Erbrecht am geringsten, jedoch insgesamt nicht sehr groß.

Im folgenden werden aus jedem Bereich die wichtigsten islamischen Regelungen und ihre Entwicklungen genannt, ohne darauf einzugehen, was gerade in welchem Land eingehalten bzw. wie abgeändert wird.

Handels- und Vermögensrecht ist der Rechtsbereich, der im Islam am wenigsten geregelt ist. Vorgeschrieben ist hier ›zakāh‹ (Almosensteuer) als eine Art Sozialabgabe, die aber auch als Anreiz für die Wirtschaft gilt (um den Vermögensverlust auszugleichen). Gelegentlich wird diese Steuer auch als Mittel zur Umverteilung von Reichtum genannt, was aber die Realität wohl weniger trifft. Es gibt auch eine Reihe anderer Abgaben: eine Art Grundsteuer für landwirtschaftliche Nutzflächen, eine Erbschaftssteuer und vor allem die Tribute unterworfener Länder bzw. Volksgruppen, so u. a. eine Sondersteuer für Juden und Christen. Sklaverei, z. B. durch Kriegsgefangenschaft, ist erlaubt. Bemerkenswert ist die islamische Einstellung zu Landbesitz: Land gehört keinem Menschen allein, es kann höchstens Nutzungsrechte für den Einzelnen geben. Diese Haltung wird zwar immer wieder beschworen, doch nie konsequent verwirklicht. Im Gegenteil, es gibt Einzelregelungen für Verpachtung und Verkauf, und Privatland ist so geschützt, daß es sogar vom Staat nur für den Bau von Moscheen und Schulen enteignet werden darf. Ähnlich sieht es mit dem Verbot von Wucher aus. Unter dieses Verbot fielen ursprünglich alle Geschäfte ohne faktische, gesicherte Gegenleistung, also Zinsen, Versicherungen, Leibrenten, Wetten und Spiele um Geld. In neuerer Zeit wurde Wucher allerdings definitorisch eingeengt auf Zinsen von über sieben Prozent, alles andere ist erlaubt. Trotzdem gibt es noch islamische Banken, die zinslos arbeiten. Besonders herausgestellt werden dabei die Geschäfte mit Gewinn- und Verlustbeteiligung. Tatsächlich abgewickelt werden aber v. a. Transaktionen ohne dieses Charakteristikum, bei denen der Zins nur verbrämt wird. Beispiele dafür sind Leasing für Anlagegüter und doppelte Kaufgeschäfte mit festem Gewinnaufschlag für Handelsgüter, bei welchen sich der Verkäufer verpflichtet, die Waren zu einem festgesetzten Zeitpunkt zu einem bestimmten, höheren Preis wieder zurückzukaufen. Es ist deutlich, daß dies mit dem üblichen Handelsgewinn (und Händler waren in der islamischen Welt schon immer sehr angesehen) nichts zu tun hat, sondern daß es sich um ein typisches Umgehungsgeschäft handelt, bei dem eine illegitime (Zins) in eine legitime Größe (Handelsgewinn) verwandelt wird.[67]

Das *Strafrecht* ist der Bereich, in dem von den einzelnen muslimischen Staaten relativ viel selbst festgelegt wurde. Das liegt daran, daß es traditionell nur ganz wenige, genau eingegrenzte Delikte gibt, für die das Strafmaß vorgeschrieben ist. Alle anderen Strafen bleiben der Einschätzung des Richters (bzw. den Verwaltungsmaßnahmen des Staates) überlassen. Zu den Vergehen mit festgelegter Strafe gehört der Abfall vom Islam: Erweist sich eine Rückkehr als ausgeschlossen, wird dieses Religionsvergehen mit dem Tod bestraft. Streng privatrechtlich dagegen werden Mord, Totschlag und Körperverletzung behandelt. Es entsteht Anspruch auf Entschädigung, bei Mord und Körperverletzung nach dem Talionsrecht. Der nächste männliche Angehörige des Getöteten darf im Beisein des Richters den Täter töten bzw. ihm eine ebensolche Verletzung beibringen. Der Gleichheitsgrundsatz ist dabei sehr streng: Freier und Sklave, Mann und Frau und meist auch Muslim und Nichtmuslim gelten nicht als gleichwertig. Bei solchen Fällen von Ungleichwertigkeit, Totschlag, Mord an direkten Nachkommen oder bei Verzicht von Seiten des Berechtigten tritt eine andere Strafe ein, die hauptsächlich aus Zahlung von Blutgeld besteht. Die Verleumdung wegen Unzucht wird mit 80 Schlägen und Verlust des Zeugenrechts bestraft. Unzucht, also außerehelicher Geschlechtsverkehr, gilt wie Genuß berauschender Getränke, Diebstahl und Straßenraub als Verletzung göttlichen Rechts, und diese Vergehen werden drakonisch bestraft. Unzucht z.B. wird bei verheiratet Gewesenen mit Steinigung bestraft, bei Ledigen mit 100, bei Sklaven mit 50 Schlägen. Weingenuß bei Muslimen wird mit 40, bei Störung der öffentlichen Ordnung mit 80 Schlägen bestraft. Die Strafe für Diebstahl ist Gefängnis, im Wiederholungsfall zuerst Amputation der rechten Hand, dann des linken Fußes. Auf Straßenraub stehen je nach Schwere des Vergehens Gefängnis, Amputation von rechter Hand und linkem Fuß (im Wiederholungsfall auch der übrigen Gliedmaßen), Todesstrafe und schließlich Kreuzigung als deren abschreckendste Variante. Diese Strafen kommen allerdings fast nie zum Tragen, denn mit Ausnahme von Straßenraub gibt es keine amtlichen Ermittlungen und die Verjährungsfristen betragen maximal einen Monat. Es gelten außerdem keine Indizienbeweise, sondern nur Aussagen von zwei, bei Unzucht vier Augenzeugen (Frauen zählen nur halb) oder ein Geständnis, das jederzeit zurückgenommen werden kann, ja sogar soll. Diebstahl wird weiterhin sehr eingeengt: Er darf nicht unter Verwandten in gerader Linie geschehen sein, es darf kein Anrecht auf die Sache bestehen oder diese herrenlos sein, sie muß außerdem einen gewissen Mindestwert haben und in Verwahrung gewesen sein (also kein Taschendiebstahl) und schließlich darf das Diebesgut nicht sowieso verpönt sein wie Wein oder Musikinstrumente. Tätige Reue schließlich befreit von Strafen. Gänzlich von jeglicher Bestrafung ausgeschlossen sind Verrückte, Minderjährige und Schwangere.[68]

Alle bis jetzt *nicht* genannten Fälle sind nicht definitiv nach islamischem Recht geregelt. Das gilt schon für die geringste Abweichung, also z.B. Tatbeweis nur durch Indizien und nicht durch die vorgeschriebene Anzahl von Zeugen. Das vermindert sofort die Strafe, die allerdings nicht genau definiert ist, da es ja um den Bereich staatlicher Bestimmungen geht. Vorschrift ist nur, daß Strafen analog zum Talionsrecht nicht durch Reue abgewendet werden können. Möglich ist aber auch die Todesstrafe, vor allem für Spione, Mörder (wo Wiedervergeltung nicht in Betracht kommt), Häretiker und hoffnungslose Gewohnheitstäter (z. B. Homosexuelle). Eine weit verbreitete moderne Entwicklung schließlich ist, daß Todesfälle im Straßenverkehr nicht als Tötung eingestuft werden.[69]

Kaum ein anderer Bereich des islamischen Rechts stößt auf solche Ablehnung von seiten der Nichtmuslime, die z.B in den Körperstrafen schlicht eine Verletzung des Menschenrechts auf körperliche Unversehrtheit sehen. Muslime dagegen bestehen auf diesen Bestimmungen, da sie zum gottgegebenen Recht gehören und außerdem praktisch fast nie angewendet werden, aber eine gute Abschreckung darstellen. Abgesehen von der berechtigten Forderung, diese Körperstrafen jedenfalls nicht auf Nichtmuslime und nicht in einem nichtmuslimischen Land anzuwenden, ist das Wort eines westlichen Fachmanns nicht von der Hand zu weisen:

> *Die Einsicht, daß sich Eingriffe in die theoretischen Grundlagen des islamischen Strafrechts aus seinem Wesen heraus verbieten, mag unbefriedigend erscheinen. Doch es gilt zu berücksichtigen, daß das islamische Strafrecht eben für einen bestimmten Menschentyp sinnvoll ist, nämlich für den überzeugten Muslim. Anderen erscheint er als ›die in Betrieb genommene oder gehaltene Schreckenskammer eines Museums‹.*[70]

Familien- und Erbrecht sind die traditionellen Domänen des islamischen Rechts. Die entsprechenden Bestimmungen sind tief im Bewußtsein der Muslime verankert, Änderungen staatlicherseits hat es lange nicht gegeben. Erst in diesem Jahrhundert haben es besonders Frauen zunehmend gewagt, dagegen anzugehen. Obwohl sie offiziell Anrecht auf Bildung haben und geschäftsfähig sind, also ihr eigenes Vermögen besitzen und verwalten dürfen, werden sie in der Praxis doch nicht als wirklich mündig betrachtet, sondern unterstehen der Obhut, dem Schutz des jeweils nächsten männlichen Verwandten. Diese sollen die Rechte der Frauen wahren, können aber praktisch kaum zur Verantwortung gezogen werden, wenn sie es nicht tun. Frauen zählen, allen Gleichheitsbeteuerungen zum Trotz, weniger als Männer, z. B. als Zeugen vor Gericht. Eine Folge davon ist, daß sie weder in der Justiz arbeiten noch eine andere Position einnehmen dürfen, zu der Autorität über Männer gehört.

Auch im Falle einer Heirat – alleinstehende Frauen oder Männer sind im Islam nicht vorgesehen – schlägt sich diese Einschätzung der Frau nieder. Bei Verhandlung und Abschluß des Ehevertrags muß eine Frau sich zumeist von einem männlichen Verwandten vertreten lassen. Eine islamische Ehe soll an sich eine freiwillige Angelegenheit sein, für die Zustimmung der Frau aber genügt Schweigen oder stilles Weinen. Die Ehe bringt für Frauen und Männer durchaus unterschiedliche Verpflichtungen. Nur von der Frau wird absolute Treue und vor allem völlige Unterordnung unter die Wünsche ihres Mannes verlangt, sofern diese nicht Allahs Willen zuwiderlaufen.

Wenn sie diese Bedingungen erfüllt, hat sie Anspruch auf Unterhalt von ihrem Mann. Widersetzt sich eine Frau, so hat der Mann notfalls auch das Recht, sie zu schlagen. Von der Art der Eheschließung her ist die islamische Ehe eine Kaufehe – nur daß ein Weiterverkauf oder Tausch nicht möglich ist, und der Brautpreis nicht an den Brautvater, sondern an die Braut selbst geht. Ein Mann kann bis zu vier Frauen heiraten, wenn er die finanziellen Mittel dazu hat und die Frauen in jeder Hinsicht absolut gleich behandelt. Die Zahl der Konkubinen wird nicht begrenzt. Aufgrund der dominanten Stellung des Mannes in Ehe und Familie darf ein Muslim auch eine Jüdin oder Christin heiraten, wobei die Kinder automatisch Muslime sind; eine Muslimin dagegen darf nur einen Muslim heiraten.

Auch ist für den Mann eine Scheidung sehr einfach: Sind alle Einigungs- und Schlichtungsversuche fehlgeschlagen, so braucht er nur vor zwei Zeugen dreimal die Scheidungsformel auszusprechen. Hat eine Frau dagegen sich das Recht auf Scheidung nicht schon im Ehevertrag geben lassen, sei es bedingungslos oder z. B. im Fall einer zweiten Ehe, kann sie nur versuchen, eine gerichtliche Scheidung zu bekommen, sei es durch Zahlung einer Abfindung an ihren Mann, sei es ohne diese in bestimmten, von der jeweiligen Rechtsschule definierten Fällen (zu denen auf alle Fälle Zurückweisung und Impotenz gehören). Dafür darf man ihr aber keinerlei Widerspenstigkeit nachweisen können. Bei den Schiiten ist die Sonderform einer Ehe auf Zeit anerkannt, in der beide Partner gleichermaßen das Recht haben, die Ehe zu beenden. Grundsätzlich herrscht in einer muslimischen Ehe Gütertrennung, doch der Mann ist verpflichtet, der Frau im Fall einer Scheidung eine Abfindung zu zahlen. Er kann nach einer Scheidung sofort wieder heiraten, die Frau muß eine Wartezeit von mindestens drei Monaten einhalten, um eine Schwangerschaft auszuschließen. Für diese Wartezeit bzw. für die Schwangerschaft und Stillzeit läuft die Unterhaltspflicht des ersten Ehemannes weiter. Nach einer Trennung ist die Dauer des mütterlichen Sorgerechts allerdings nicht genau festgelegt (und bei Nichtmusliminnen an den Aufenthalt im Einzugsbereich des Vaters gebunden). Sie geht bei Jungen bis maximal zum siebten, bei Mädchen bis maximal zum neunten Lebensjahr. Auch das Heiratsalter für Mädchen ist umstritten: mindestens sechs oder mindestens neun Jahre. Legitimierung von unehelichen Kindern oder Adoption gibt es nicht.

Während es selbst für den ehelichen Verkehr noch genaue Vorschriften gibt, existieren keinerlei Regeln für den Umgang von Männern und Frauen, die nicht miteinander verwandt sind. Hier herrscht eine völlige Trennung der Lebensbereiche. In der Öffentlichkeit wird diese Trennung deutlich gemacht durch die weitgehende Verschleierung der Frau, während ein Mann sich nur vom Nabel bis zu den Knien bedecken muß, um sittsam zu sein.[71]

Das traditionelle sunnitische Erbrecht sieht vor, daß erbberechtigte Frauen nur die Hälfte des entsprechenden männlichen Anteils erhalten, da sie ja innerhalb der Familie immer Mitgift und Unterhalt bekommen, nicht aber gewähren müssen. Die Witwe erhält, sofern sie einzige Ehefrau war, ein Achtel des Erbes. War die Frau keine Muslimin, können sich die Ehepartner nicht gesetzlich beerben. Nach schiitischem Recht haben nur die muslimischen Nachkommen einer solchen Frau gesetzliches Erbrecht. Die Vererbung von 2/3 der Erbmasse ist grundsätzlich gesetzlich festgelegt, über 1/3 hat der Erblasser freie Verfügung, darf es aber nicht zusätzlich seinen gesetzlichen Erben zuwenden. Das führte in der Praxis zu sehr vielen Stiftungen, um die Erträge dieses Vermögens indirekt doch wieder der Familie zuzuführen. Änderungen am muslimischen Erbrecht hat es bisher so gut wie nicht gegeben.[72]

Was speziell die *Stellung der Frauen* angeht, so kommen viele ihrer islamischen Rechte in der Realität nicht zum Tragen. Sie werden von noch rigideren Gewohnheiten überdeckt. Schon der Versuch, das durchzusetzen, was im Rahmen von ›sh̲arīʿa‹ möglich wäre, stößt gewöhnlich auf harten Widerstand, der sich gern religiös motiviert gibt. Jehan Sadat, ehemalige First Lady Ägyptens und nach eigenem Bekunden eine gute Muslimin, beschreibt solche Situationen, wie sie schon der ägyptische Frauenrechtler Ḳāsim Amīn Anfang des Jahrhunderts erlebt hatte, in ihrer Autobiographie immer wieder. Ein Ausschnitt:

> *»Das sind Jehans Gesetze, nicht die Gesetze des Islam«, donnerte einer der radikalsten Fundamentalistenscheichs, der jede Woche nach den Freitagsgebeten gegen die Reformen wütete. »Diese Gesetze, die sie unbedingt durchsetzen will, werden aus Männern Weiber, aus Weibern Männer machen! Sie werden den Zusammenbruch der ägyptischen Familienstruktur bewirken und Hunderte zur Gottlosigkeit verführen! Diese Gesetze verstoßen gegen die Scharia, das Wort Allahs, wie es im Koran niedergelegt ist!«*[73]

›dhimma‹, Gastrecht, ist die Sonderform von Recht, eine Art Schutzprinzip, das hauptsächlich für Juden und Christen gilt, die auf Dauer in einem muslimischen Land leben. Daneben gibt es noch den Status eines Juden oder Christen aus einem nichtmuslimischen Land (›ḥarbī‹) und den Gast mit Wohnrecht für maximal ein Jahr. Die genauen Bestimmungen von ›dhimma‹ haben sich langsam herausgebildet, wobei den Nichtmuslimen – besonders den Christen – historisch der Verlust der zahlenmäßigen Mehrheit sowie politische Auseinandersetzungen mit christlichen Staaten jeweils Verschlechterungen ihrer Stellung einbrachten. Häufig mußten sie dann kennzeichnende Kleidung tragen und den Entzug von Vertrauensposten in der Verwaltung hinnehmen.

Grundsätzlich kann man sagen, daß ›dhimma‹ vor allem eine soziale und politische Benachteiligung nach sich zieht. Juden und Christen werden nicht als den Muslimen gleichgestellt angesehen und dürfen sich auch nicht so verhalten, als wären sie es. Auf die Ungleichwertigkeit im Straf- sowie Familien- und Erbrecht bei Mischehen wurde ja schon hingewiesen. Das Blutgeld beträgt oft nur die Hälfte oder zwei Drittel der Summe für einen Muslim. Ferner wird muslimischen Vorschriften entsprechende Kleidung vorgeschrieben, die allerdings den Träger auch als Nichtmuslim ausweisen muß und nicht vornehm sein darf. Auch der Besitz von muslimischen Sklaven, von Waffen oder Pferden ist verboten, nur Esel sind erlaubt. Die Häuser dürfen nicht höher sein als die der Muslime. Manchmal wird auch der Wohnort vorgeschrieben, wobei Ghettos selten waren und sind. Aber gerade die arabische Halbinsel ist als Wohnsitz für Juden und Christen überwiegend verboten, die heiligen Städte dort sind es absolut. Nichtmuslime dürfen auch keine echten Machtpositionen innehaben, vor allem nicht über islamische Angelegenheiten entscheiden oder Muslime richten. Manchmal wurden ihnen sogar die Verwaltungsaufgaben entzogen, für die sie ursprünglich bevorzugt wurden als die abhängigeren Untertanen, die auch für unislamische Handlungen zu gebrauchen waren. Außerdem müssen Juden und Christen Kopfsteuer zahlen, was man rein betragsmäßig natürlich gegen ›zakāh‹ aufrechnen könnte. Doch auch die Zölle sind gestaffelt: Ein Muslim zahlt 5 Prozent, ein ›d̲immī‹ 10 Prozent und ein ›ḥarbī‹ sogar 20 Prozent des Warenwerts.

Selbst der eher religiöse Bereich bleibt nicht unreglementiert. Daß ein Muslim bei Todesstrafe nicht zu einer anderen Religion übertreten darf, wurde bereits erwähnt. Also ist auch jegliche Mission verboten, ferner die Herabsetzung des Islam, die Unterstützung von Feinden der Muslime und natürlich, einer Muslimin nahezutreten. Außerdem sind verboten: Verkauf von Wein, religiöse Bilder, das Zeigen von Kreuzen, Prozessionen, Glocken, Neu- und Wiederaufbau von Kirchen.[74]

Auch wenn es Progrome an Juden oder Christen kaum gegeben hat und beide Gruppen prinzipiell ihre Religion ausüben und ihre eigenen Angelegenheiten ordnen durften, war diese Art von Toleranz eine demütigende Erfahrung. Wie Juden und Christen theologisch nur ein Anteil an der Wahrheit zugestanden wird, so wird ihnen praktisch auch nur ein Anteil am öffentlichen Leben zugestanden. Wo immer Christen in schwer zugänglichen Gegenden eines muslimischen Reiches lebten – wie z. B. die Maroniten im Osmanischen Reich – , wehrten sie sich offen gegen diese Art von Schutzherrschaft. Die übrigen einheimischen Christen wurden zu den ersten und entschiedensten Vorkämpfern für einen säkularen statt eines muslimischen Staates, auch wenn nie ein muslimischer Staat alle beschriebenen Vorschriften gleichzeitig durchgeführt hat. Ein Beobachter konstatiert zusammenfassend: »Für beide Gruppen von Christen (...) ist die islamische ›Schutzherrschaft‹ der Vergangenheit als mögliche Gefahr der Zukunft stets präsent – der drohende Schatten der Geschichte.«[75]

Teil II: Christentum und Islam im Dialog

Strukturelle Fragen des christlich-muslimischen Dialogs

Wer sich für den christlich-muslimischen Dialog interessiert, muß mittlerweile nicht mehr bis zur Frühgeschichte des Islam oder in die arabische Welt gehen, um fündig zu werden. 1968 begann der Ökumenische Rat der Kirchen in Genf mit der Organisation und Veranstaltung von christlich-muslimischen Dialogen, wobei die römisch-katholische Kirche von Anfang an nicht nur in die Dialoge selbst, sondern auch in deren Planung mit einbezogen war. Die Umstände, unter denen die Dialoge begannen und fortgesetzt wurden, tragen sicher viele typische Züge und verdienen daher Beachtung: Konkreter Anlaß, endlich aktiv zu werden, war die Nahostpolitik, genauer gesagt: der Sechs-Tage-Krieg.[76] Bedarf für einen solchen Dialog war offensichtlich vorhanden, und so folgte der nächste christlich-muslimische Dialog nur ein Jahr darauf und keine fünf Jahren später wurde innerhalb des ÖRK eine eigene Unterabteilung eingerichtet, die für den Dialog mit anderen Religionen generell zuständig war. Der Islam blieb ein Schwerpunkt, und im Bereich des christlich-muslimischen Dialogs blieb die Verbindung zur Nahostpolitik immer im Blick. Deshalb strebte man von Anfang an einen ›Trialog‹ zwischen Juden, Christen und Muslimen an, der allerdings erst über 25 Jahre später, als die politische Lage vorübergehend sehr verheißungsvoll aussah, möglich wurde.

Man konnte sich zu Beginn der Dialoge erstaunlich gut und weitgehend über die unterschiedlichsten Bereiche verständigen – denn die Dialoge hatten einen fast privaten Charakter und die muslimischen Teilnehmer waren durch ihren Bildungsweg sehr westlich geprägt. Dafür war der meistgehörte Satz der: »I am not speaking as a representative of (...)«[77] – »Ich spreche nicht als Vertreter von (...).« Dabei konnte es natürlich nicht bleiben, auf die Dauer brauchten die Dialoge eine breitere Basis.

Die leichteste und lohnendste Aufgabe war es noch, die regionale Basis zu verbreitern, d.h. den Islam auch außerhalb des Nahen Ostens einzubeziehen. Auf die Dialogwünsche der Muslime einzugehen und zudem nicht nur Privatpersonen, sondern auch muslimische Organisationen in die Planung einzubeziehen, war dagegen schon viel schwieriger. Die einen wollten mehr theologische Themen, die anderen mehr Fragen der Praxis besprechen; auf einmal kamen auch grundsätzliche Vorbehalte oder zunehmendes Desinteresse zum Vorschein. Das galt nicht nur für die Muslime, sondern auch für die Christen. Von der römisch-katholischen Kirche abgesehen, die in dieser Hinsicht durchaus die Sympathien muslimischer Dialogpartner genoß, konnte auch wirklich niemand als Repräsentant seiner Glaubensgemeinschaft auftreten und vor allem auch keinerlei offizielle Aussagen machen. Alle Versuche, so einen Zustand herzustellen, erreichten bestenfalls Näherungswerte.[78] Die für einen solchen Dialog interessantesten und wichtigsten Gesprächspartner, waren die, die praktisch nicht zu gewinnen waren, z.B. militante Muslime.

Der zunehmend offizielle Charakter gab den Dialogen natürlich nicht nur mehr Probleme, er verlieh ihnen auch mehr Gewicht. Zugleich aber erwies sich, daß die ›schweigende Mehrheit‹ auf beiden Seiten mangels Interesse an dieser Art von Dialog außen vor blieb – mehr noch im Nahen Osten als in Europa. Was diese Mehrheit interessiert, ist eine geistliche Gemeinschaft in den alltäglichen kulturellen, sozialen und politischen Begegnungen beider Religionen.[79] Eine solche Gemeinschaft könnte auch eine große Gruppe einbeziehen, die sich für das konkrete Zusammenleben vor Ort sehr einsetzt, deren Vertreter aber selten in Funktionen gelangen, in denen man Einladungen zu offiziellen Dialogen erhält: die Frauen.

Theologische Grundlagen des christlich-muslimischen Dialogs

Der theologische Ausgangspunkt der Muslime im Dialog war klar und läßt sich wie folgt beschreiben: Der Islam ist der Inbegriff von Modernität, Wissenschaftlichkeit, Toleranz und Demokratie – und natürlich die überlegene, einzig richtige Religion, die schon auf Weltgemeinschaft und Dialog hin angelegt ist, in Anlehnung an die vielzitierte Sure 2, 256: »Es gibt keinen Zwang in der Religion. Der rechte Wandel unterscheidet sich nunmehr klar vom Irrweg.« Von daher hatten die Muslime keine theologischen Probleme, sich auf den Dialog mit Christen einzulassen und ihn darüber hinaus zu ihren Gunsten auszunutzen, denn nach ihrem Selbstverständnis kann ein wirklich offener Dialog nur auf einen Übertritt zum Islam hinauslaufen. Das Dialogangebot der Christen wurde umgehend als theologische Anerkennung des Islam gewertet. Pendant dazu war die Bewertung der Mission als theologischen Angriff auf den Islam. Auf diesem Hintergrund legten die Muslime auch auf eine genaue Abgrenzung von Dialog und Mission großen Wert. Im übrigen räumt der Islam ja Christen (und Juden) eine theologisch-juristische Sonderstellung ein, und eine entsprechende juristische Sonderbehandlung forderten die Muslime prompt auch umgekehrt für sich von den Christen. Diese wiederum hielten dagegen, die oben genannte Religionsfreiheit, Toleranz und Dialogbereitschaft der Muslime sei unbefriedigend, ja geradezu eine Mogelpackung.[80] Es sei eben so, daß der Islam das Christentum kenne und letztendlich ablehnte – egal, wie subtil diese Ablehnung ist, wie tolerant und aufgeschlossen sie sich gibt.

Der umgekehrte Vorwurf traf natürlich auch die Christen. Den Muslimen fehlten bei den Aussagen des ÖRK z. B. die klaren Definitionen von Dialog und Mission. Die Stellung des Ökumenischen Rates war und blieb auch unklar. Man dachte sehr vieles an, ob beispielsweise der Islam als Gericht über das Christentum zu werten sei oder ob es nicht gleichbedeutend sei, den Fußstapfen Abrahams (laut Islam der erste Muslim) oder den Fußstapfen Christi zu folgen. Doch all diese theologischen Aussagen erreichten keine Verbindlichkeit. Man konnte sich nur darauf einigen, den Islam in Zukunft nicht mehr negativ darzustellen, sondern im Gegenteil den Respekt der Muslime für Jesus und weitere biblische Gestalten ausdrücklich anzuerkennen. Genau darauf, den anderen so zu verstehen, wie er sich selbst versteht, hatte man sich eigentlich schon ganz am Anfang geeinigt. Selbst die etwa 1993 erschienen sogenannten »Richtlinien« des ÖRK für den christlich-muslimischen Dialog brachten keine gemeinsame theologische Grundhaltung zum Islam, ja waren eigentlich keine theologischen Leitlinien, sondern wieder nur Situationsbeschreibung und Absichtserklärung.[81]

Gemeinsame historische Wurzeln mit dem Islam hatte man ja immer feststellen können, und sie lassen sich zu einer langen Liste aufsummieren: gemeinsame Geschöpflichkeit von und unter Gott, gemeinsame Verantwortlichkeit vor Gottes Gericht, der Mensch als Stellvertreter und Knecht Gottes, der Kampf um eine gerechtere, bessere Welt sowie der Kampf um die Jugend in beiden Religionen, die sich nur gewinnen läßt, wenn der Egoismus der Menschen überwunden wird von Liebe und Opfergeist. Gerade wenn es um Zusammenarbeit, um weltweite Aufgaben, um das gemeinsame Beispiel ging, entdeckte man die weitgehend gleiche Theologie und Ökologie (Gott als Eigentümer der Erde) und die Notwendigkeit der Umkehr, auch wenn einer die Bibel und der andere den Koran als Beleg dafür anführte. Beide Religionen haben z. B. in einer Verfolgungssituation begonnen und können gemeinsam versichern, daß Gottes Wille nicht erfüllt wird, wenn Menschen flüchten müssen. Beide rufen zur Nächstenliebe auf, kennen die gleiche Würde aller Menschen und die Fürsorgepflicht der Starken für die Schwachen. Andererseits ist auch das entweder-oder-Denken in der Wahrheitsfrage beiden Religionen gemeinsam, und damit waren die Konflikte vorprogrammiert: Die Ansprüche des einen schlossen notwendigerweise den anderen aus. Diese Haltung wird von beiden Religionen, die seit jeher eng mit Lehre und Schule verbunden gewesen sind, auch automatisch weitergegeben.[82] So können nicht unerhebliche Ähnlichkeiten oder Gemeinsamkeiten im Detail durchaus auch zu einem um so größeren Gegensatz in der Gesamtbetrachtung führen:

Die Tatsache, daß Christus im Koran zu einem bloßen Propheten reduziert ist, bedeutet darum einen Unterschied, der nicht nur einen Teil, sondern das Ganze berührt. Wenn umgekehrt Christen der Überzeugung sind, daß Gott in Christus ein für allemal gesprochen hat, sind sie unausweichlich zu einem dem Islam fremden Verständnis des Propheten Mohammed genötigt.[83]

Als ein ganz grundlegender Unterschied zwischen beiden Religionen erwies sich auch immer wieder, daß der Islam in viel höherem Maß theologisch-juristisch denkt und so auch von Anfang an konkrete, juristisch verankerte Konzepte für die Gestaltung der säkularen Welt entwickelte. Eine Säkularisierung wie in der christlichen Welt ist von diesem Grundansatz her praktisch unmöglich.

Theologischer Dialog zwischen Christen und Muslimen

Der theologische Dialog war, von einzelnen Personen[84] abgesehen, ein Austausch längst bekannter Positionen und blieb ohne Fortschritte. Das hängt natürlich damit zusammen, daß der Islam eine Religion ist, die das Christentum kennt oder zumindest zu kennen glaubt und es in seinen Kernaussagen ablehnt. Das Interesse an rein theologischen Dialogen war folglich besonders von muslimischer Seite gering.

Einer dieser hoffnungslosen theologischen Streitpunkte ist das unterschiedliche Verständnis von *Offenbarung*: Nach islamischem Verständnis wurde der Koran Mohammed Wort für Wort von Gott vermittelt und muß entsprechend akzeptiert und verstanden werden – in arabischer Sprache. Diese Sprache ist die einzige von den Muslimen anerkannte Zugangsvoraussetzung zum Koran und damit zur göttlichen Offenbarung. Die Christen, die in ihrem Offenbarungsverständnis viel differenzierter sind und dogmatische, erkenntnistheoretische, historische und naturwissenschaftliche Fragen berücksichtigen, warfen den Muslimen vor, die Dimension der Geschichte vollkommen zu vernachlässigen. Für die Christen ist immer im Blickfeld, daß bei jeder Offenbarung Ewigkeit und Geschichte, göttliche und menschliche Sprache zusammenkommen und daher irgendwo vergleichbare Phänomene hervorbringen müssen, selbst wenn der menschliche Beitrag zu dieser Offenbarung gleich Null ist. Wobei, zumindest nach orientalischem christlichen Verständnis, der Mensch in den Offenbarungsprozeß voll eingeschaltet wird, so daß am Ende nicht mehr zu unterscheiden ist, was nun von Gott und was vom Menschen stammt. Man denke nur an die Gegensätze, die in Joh 1,14 mit größter Selbstverständlichkeit vereint sind: »Und das Wort ward Fleisch und wohnte unter uns, und wir sahen seine Herrlichkeit, eine Herrlichkeit als des eingebornen Sohnes vom Vater, voller Gnade und Wahrheit.«

Eher noch größer und noch weniger überbrückbar sind die theologischen Differenzen im Hinblick auf das Gottesbild. Die Muslime vertreten einen absoluten Monotheismus, der sich an der Christologie (Jesus Christus als wahrer Mensch und wahrer Gott) und an der Trinitätslehre (Gott Vater, Sohn und Heiliger Geist) reiben muß. Dabei wurde von christlicher Seite gleich bei der ersten Diskussion um diese Fragen betont, auch die moderne Theologie mit der historisch-kritischen Beurteilung der Evangelien würde daran nichts ändern.[85] Das hinderte die Muslime nicht daran, genau darauf abzuheben.[86] Einzelne Christen unternahmen zwar den Versuch, den Muslimen eine theologische, manchmal eher schon spirituelle oder mystische Brücke zu Trinität und Christologie zu bauen.[87] Doch dies stieß weder auf erkennbare Resonanz von christlicher noch von muslimischer Seite. Die Muslime müssen Trinität und Christologie, wie die Christen sie verstehen, strikt ablehnen. Beides bringt Gott in unerlaubter Weise mit Menschlichem in Berührung, zerteilt seine Macht und zerstört seine Transzendenz. Gott zeugt keine Kinder, so die Auffassung der Muslime, und die Christen hätten ihre Schriften gefälscht, um diese Lehren behaupten zu können. Die Muslime stellen dagegen ihre prophetische, in ihren Augen ursprüngliche ›Christologie‹ (Jesus ist ein Mensch und wurde von Gott als einer der Propheten mit einer Botschaft zu den Menschen gesandt), die aber von den Christen nicht anerkannt wird. Als nachchristliche Religion fällt es dem Islam nicht schwer, im ersten Schritt von Christologie zu sprechen und sie damit scheinbar anzuerkennen, sie aber im nächsten Schritt völlig umzudeuten.

Daß es viele einzige oder oberste Götter nicht geben könne, weil das für einen Monotheisten doch eine Anerkennung des Polytheismus sei, ist für muslimisches Denken selbstverständlich. Unter Umständen wird auch den Christen eine solche Logik unterstellt. Bezeichnend ist z. B. die Formulierung, »daß es unchristlich ist zu meinen, daß die Anhänger anderer Religionen, außer unserer eigenen, ihre eigenen Götter haben, denn das hieße, an die Existenz von mehr als einem Gott zu glauben (d. h. Polytheismus).«[88]

Es gibt eine gewisse Bandbreite der Haltungen auf beiden Seiten. Gab es anfangs christliche Stimmen, die behaupteteten, die Muslime beteten nicht denselben Gott an wie die Christen, so sprach man später von abrahamitischem Glauben an einen Gott[89] – mit der eingeschränkten Verbindlichkeit, die solchen Stellungnahmen des ÖRK eben eigen ist. Umgekehrt halten nach wie vor manche Muslime die Christen für Tritheisten, doch ging die generelle Tendenz der meisten muslimischen Dialogteilnehmer eher dahin, die Christen für eingeschränkte Monotheisten zu halten, die selbstverständlich denselben Gott anbeten wie die Muslime, nur eben nicht ganz korrekt. Eine weitergehende Annäherung ist unwahrscheinlich, dazu hängt das Gottesbild zu eng mit der Identität der jeweiligen Religion zusammen, birgt also zuviel Sprengstoff.

Die Frage des *Heils* war in all den Dialogen nur einmal explizit Thema. Dabei zeigte sich, daß die Muslime Gottes Heilshandeln primär als Offenbaren und Leiten verstanden, als Befreiung zu Handeln und Verantwortung. Die Christen hingegen verstanden Gottes Heilshandeln als sein Mitleiden, als die Befreiung von Sünde, Schuld und Strafe. Gerade dialogkritischere christliche Kreise betonten immer wieder die Identität Christi mit dem gekreuzigten Jesus und daß es um Sünde geht, die sich nicht abarbeiten läßt, die vielmehr vergeben werden muß. Umgekehrt sind und bleiben die Erlösung durch den Kreuzestod und die Vorstellung von der Erbsünde für Muslime absolut undenkbar und inakzeptabel; sie widersprechen entschieden ihrer Gottesvorstellung.[90]

Was die Frage der *Schöpfung* anging, so erfuhr auch sie nicht mehr Aufmerksamkeit. Von christlicher Seite her ist die Problemstellung ja die von Schöpfung und Evolution, während Evolution für die Muslime gar kein Problemthema ist, da der Koran zwar Gott als den Schöpfer kennt und auch Einzelaussagen z. B. zur Erschaffung des Menschen macht, aber keinen Text hat, der der biblischen Schöpfungsgeschichte vergleichbar wäre. Für die Muslime sind eher Vorstellungen wie die des Menschen als Mitarbeiter bei Gottes Aufgaben potentiell problematisch, natürlich wegen der möglichen Grenzüberschreitung des Menschen hinein in den Bereich Gottes des Schöpfers.[91]

Das absolute Bestreben, Gott Gott sein zu lassen und alles Menschliche weit von ihm abzurücken, war der beherrschende Faktor in allen theologischen Auseinandersetzungen, auch wo es vordergründig um Offenbarung, um Heil oder um Schöpfung ging.

Trotz aller Ähnlichkeiten und Annäherungen unterscheiden sich christlicher Glaube und Islam hier diametral. Es muß von daher nicht verwundern, wenn der Dialog nie nur um theologische Fragen ging. Sie versprachen zuviel Schwierigkeiten und zuwenig Ergebnisse.

Zerbrechliches Vertrauen zwischen Christen und Muslimen

»Die beiden Religionen können heute überhaupt nicht wirklich aufeinander hören. Der Dialog muß die Offenheit dafür wieder herbeiführen. Dieses gegenseitige Vertrauen ist vor allem notwendig«.[92] Das war die Ausgangslage, als die christlich-muslimischen Dialoge des Ökumenischen Rates begannen. Hauptziel jedes Dialogs war deshalb die langsame Entwicklung von »mutual trust and confidence«[93]: mehr Vertrauen zwischen Christen und Muslimen wollte man schaffen, ja eine Gemeinschaft zwischen Christen und Muslimen auf- und ausbauen, möge sie nun mehr praktischer, mehr rechtlicher oder vielleicht sogar geistlicher Natur sein.

Als die Christen den Dialog anfingen, war es für die Muslime nicht leicht, ihnen vertrauensvoll zu begegnen, vor allem da die Abgrenzung des neuen Unternehmens Dialog gegenüber der bisherigen Mission nicht klar war. Gerade wo es in Dialogen um Mission oder Hilfsprojekte ging, machten die Muslime den Christen konkret Vorwürfe, sie betrieben Proselytismus und förderten absichtlich Verwestlichung und Säkularisierung. Die Muslime forderten von den Christen politische Stellungnahmen für die Muslime und die Einführung des islamischen Rechts in mehrheitlich muslimischen Ländern, in anderen Ländern zumindest die Einführung des islamischen Familienrechts.[94] Konkret war die Ausgangslage je nach Region allerdings unterschiedlich, sie reichte vom Nebeneinanderherleben wie in Westafrika bis zu objektiv irrationalen, nur aus blutigen historischen Auseinandersetzungen erklärbaren Ängsten der Muslime beispielsweise in Indonesien, sie könnten ihre Bevölkerungsmehrheit verlieren – im Land mit den meisten Muslimen der Erde! Insgesamt kann man sagen, daß die Muslime den christlichen Einfluß fürchten, auch noch im Dialog.

Seit der Ölkrise und der islamischen Revolution im Iran von 1979 verstärkten sich umgekehrt auch die konkreten Ängste der Christen vor dem so völlig anderen gesellschaftlichen und staatlichen Konzept des Islam. Pessimismus und Ratlosigkeit herrschten natürlich vor allem bei den Christen, die islamisches Recht schon am eigenen Leib erlebten bzw. dessen Einführung als staatliches Recht unmittelbar befürchten und, wie auch die aufgeklärten Muslime, um ihr Leben Angst haben mußten. Die Christen im Westen konnten dagegen auch den intellektuellen Gewinn des Dialogs sehen.[95] Die Vorwürfe waren von nun an gegenseitig, begannen in der Geschichte (z.B. Kreuzzüge) und endeten bei doppelbödigen muslimischen Redeweisen und westlicher Medienpolitik. Sie liefen letztlich immer auf eins hinaus: auf die Angst, die jeweils andere Religionsgemeinschaft wolle die eigene Religionsgemeinschaft diskriminieren und am Ende überwältigen und verberge dieses Ziel auf einer »hidden agenda«[96], hinter einer nach außen versöhnlichen Sprache.

Der Dialog miteinander und dessen gemeinsame Planung trugen zweifellos zur Vertrauensbildung bei, besonders bei denen, die über einen längeren Zeitraum unmittelbar beteiligt waren. Gäste und Grußworte aus anderen Weltreligionen sind bei Vollversammlungen des Ökumenischen Rates heute eine Selbstverständlichkeit – früher waren Nichtchristen nicht einmal als journalistische Beobachter zugelassen. Noch bei der Vorbereitung für die Vollversammlung 1975 in Nairobi bedurfte es großer Überzeugungsarbeit, um die erstmalige Präsenz von Gästen aus anderen Weltreligionen plausibel zu machen. Die Sorge bestand darin, daß ihre bloße Anwesenheit bei einer solchen internen Veranstaltung bei einigen Teilnehmern auf Ablehnung stoßen könnte …[97]

Die später veröffentlichten Richtlinien für den christlich-muslimischen Dialog sind ausdrücklich auch als Bezugspunkt für die Muslime gedacht, seien sie Befürworter oder Gegner des Dialogs. Es wird dort offen angesprochen, daß auf beiden Seiten in Praxis und Theologie die negativen Erfahrungen mit Vertretern der jeweils anderen Religion die positiven überlagert haben und daß beiden Gesprächspartnern nun ein negatives Bild des anderen vor Augen steht. Die Überlegenheitshaltung des Islam wird gut dargestellt, und das Problem des naiven Romantizismus, der die Bedrohung des islamischen Fanatismus verkennt, ist genannt, aber auch der umgekehrte Vorwurf eines andauernden Kreuzzugs in Form von Neoimperialismus und intellektuellem Kolonialismus. Über das gegenseitige Mißtrauen wird also trotz aller Kürze nicht hinweggetäuscht. Gleichzeitig wird versucht, ihm mit verbindlichen Aussagen entgegenzuwirken.[98]

Vieles aber, wie eine genaue Unterscheidung von Dialog und Mission, eine Erziehung ohne Vorurteile, mehr gemeinsames Handeln – gerade auch bei konkreten Problemen und Verletzungen einer Seite – oder auch ein muslimisch-juristisches Konzept mit Gleichberechtigung für Angehörige anderer Religionen, blieb Gesprächsgegenstand und ist auch weiterhin Aufgabe. Der konkrete Erfolg hing oft auch weniger von den Anstrengungen der Dialogabteilung ab als von der konkreten Situation in einem Land und von der politischen Großwetterlage, speziell im Nahen Osten. Ein welch zartes, langsam wachsendes und empfindliches Pflänzchen Vertrauen ist, zeigt beispielhaft das Grußwort des Muslims Is-Haq Oloyede aus Nigeria auf der Vollversammlung des Weltkirchenrats in Canberra, die 1991 zur Zeit des Golfkriegs stattfand. Is-Haq Oloyede schilderte seine eigenen Erfahrungen mit dem Dialog und wie durch persönliche Begegnungen das Mißtrauen langsam gewichen sei. Die Fortschritte seien spürbar. Aber er bangte angesichts des Golfkriegs um dieses mühsam aufgebaute Vertrauen: »Ein Kreuzzugskonflikt (Jihad) wird unsere Dialogbemühungen zunichte machen und den Bemühungen des Geistes der Einheit in der Versöhnung seines Volkes gewaltige Hindernisse in den Weg legen.«[99]

So schlimm kam es nicht. Es bleibt aber ein anderes, grundsätzliches psychologisches und soziologisches Problem, daß nämlich zur Wahrung der eigenen Identität immer eine gewisse Abgrenzung nötig ist. Wer immer diese Abgrenzung vornimmt, fördert auch Mißtrauen: indem er sich selbst oder andere anders macht. Nicht von ungefähr hängen »unterscheiden« und »diskriminieren« sprachlich und wohl auch faktisch eng zusammen und bilden einen Konflikt, dem schwer zu entkommen ist.

Gemeinsames Gebet von Christen und Muslimen?

Die Frage nach einem möglichen gemeinsamen Gebet, Gottesdienst oder geistlichen Austausch war natürlich eng verbunden mit der Theologie: Haben Christen und Muslime nun einen Gott oder nicht? Für die Muslime stand die positive Antwort auf diese Frage von Anfang an fest. Gemeinsames Gebet war für sie gar keine Frage, gar kein Problem, solange Gott dabei Gott bleibt. Sie waren es auch überwiegend, die auf gemeinsames Gebet und gemeinsame Andachten drängten.

Die christlichen Dialogpartner hatten dagegen immer mehr die Gefahr des Synkretismus im Auge, nicht umsonst gibt es den Grundsatz »Lex orandi lex credendi«.[100] Sie ließen sich zwar auf die gemeinsamen Gebete, Meditationen, Andachten und auf »Teilnahme am fremden Gottesdienst« (ausdrücklich nicht »gemeinsame Gottesdienste«!) ein, aber mehr aus der Situation heraus und indem sie die Theologie erst einmal ausklammerten. Der anglikanische Bischof Kenneth Cragg, der sich von christlicher Seite noch am ehesten mit der Frage positiv auseinandersetzte, hielt das Aussetzen des theologischen Urteils in diesem Punkt sogar ausdrücklich für notwendig, zumindest vorübergehend. Fragen nach letzter Wahrheit, die offen blieben, ließen sich, so Cragg, leichter in einem gemeinsamen Gottesdienst ertragen als im theologischen Dialog – sofern man eine gemeinsame Grundlage für den Gottesdienst gefunden habe. Daher komme auch die häufig geäußerte Furcht, Frömmigkeit könne den Dialog überflüssig machen, und deshalb müsse Frömmigkeit auch immer im Rahmen des Dialogs und seiner Aufgaben bleiben. Wobei allerdings auch die Sprache der Frömmigkeit im Dialog mit dem Islam sehr anstößig sein könne, so z.B. im Vaterunser die Anrede »Vater« oder die Bitte um Heiligung des Namens, die den islamischen Vorstellungen von der Größe Gottes zuwiderläuft.[101]

Doch zu einer theologischen Klärung in der Frage der Spiritualität im christlich-muslimischen Dialog kam es nicht. Im Gegenteil, konservative protestantische Kreise erteilten bei der Vollversammlung des ÖRK in Nairobi 1975 der bisherigen Praxis im Dialog eine deutliche Absage: Gebetsgemeinschaft mit Angehörigen anderer Religionen, das verböte sich wohl von selbst, das sei praktischer Synkretismus, eine Erfahrung irgendwo zwischen Psychologie und Transzendenz, die Wahrheit ersetzen solle. Die offizielle Aussage, »[s]haring in spirituality«[102], d.h. das Teilnehmen und Teilgeben im geistlichen Bereich, bedeute ja nicht notwendigerweise, gemeinsame Gottesdienste zu veranstalten, war den theologisch konservativen Kritikern viel zu vage. Auf die konkreten Erfahrungen, die man bisher gemacht hatte, wurde auf diese Weise überhaupt nicht eingegangen.

Nach dieser heftigen Kritik wurden Gebet, Gottesdienst und Spiritualität zu Randthemen des christlich-muslimischen Dialogs; von gemeinsamen Gottesdiensten wagte niemand mehr zu reden. Es wurde zwar immer wieder angemahnt, diesen Bereich nicht zu vernachlässigen, da sich hier eine Religion von der Philosophie unterscheide, doch die Auswirkungen solcher und ähnlicher Aufrufe waren äußerst gering. Es reichte gerade noch zum Feststellen von Tatsachen: daß in Gegenden mit einem hohen Anteil von Mischehen das gemeinsame Feiern religiöser Feste üblich ist, daß die Ehe nach christlichem Verständnis einen stärker geistlichen Hintergrund hat als nach muslimischem u.ä.

Da nach dem ganz eigenen, offeneren Verständnis der orthdoxen Kirchen der Heilige Geist nicht so eng an die Person Christi gebunden ist, können auch Nichtchristen Anteil an der Christuserfahrung haben. Dies würde, so Georges Khodr, zu einer Haltung von Geduld und tiefem Frieden bei den Christen führen, zu einer geheimen Gemeinschaft mit allen Menschen und zur Sehnsucht nach deren endzeitlicher Erfüllung. Er kenne sogar Christen, die den Koran als Erbauungsbuch benützten.[103] Die problemlose Anpassung der Ostkirche an alte Volksfrömmigkeit war eine der praktischen Folgen dieser ihr eigenen Lehre vom Heiligen Geist.

Mit der Einbeziehung muslimischer Organisationen in den Dialog ab 1975 erhielt der Bereich der Spiritualität fast zwangsläufig einen weiteren Dämpfer. Richtlinien für den Umgang mit gemeinsamem Gebet bzw. Gottesdienst sah man als notwendig für die Gemeinden an, brachte sie aber nicht zustande. Auch die jüngste

Veröffentlichung in diesem Bereich bietet zwar eine sorgfältige Erwägung aller Gesichtspunkte rings um das Thema, aber keine Richtschnur, was nun getan werden soll, kann, darf und was nicht.[104] In den allgemeinen Richtlinien zum christlich-muslimischen Dialog war vom Bereich der Spiritualität schon überhaupt nicht mehr die Rede.

Das Thema Frömmigkeit im interreligiösen Dialog wurde zum Spezialgebiet einiger weniger Fachleute, die sich unter großem Zeitaufwand auf die Spiritualität einer anderen Religion (und auch hier war beispielsweise der Buddhismus wesentlich interessanter als der Islam) in der Überzeugung einließen, daraus einen Gewinn für ihren eigenen Glauben zu ziehen. Dabei setzten sie sich dauernd dem Verdacht aus, ihr Tun sei Synkretismus. Hier können nur die Erfahrungen einer Dominikanerin und eines orthodoxen Mönchs wiedergegeben werden – das allein spricht schon Bände über das Thema »Spiritualität« in den christlich-muslimischen Dialogen des Ökumenischen Rats. Die Dominikanerin sagte, sie habe vom Islam gelernt, wie wichtig es sei, sich Gott zu bestimmten Zeiten am Tag ganz zuzuwenden. Es habe sie immer beeindruckt, daß in der muslimischen Welt sogar Restaurants und Bars einen Gebetsraum hätten. Genauso beeindruckend fand sie die praktischen Auswirkungen des muslimischen Glaubens. Einmal hätten muslimische Anwälte eine Mitschwester kostenlos verteidigt und aus dem Gefängnis herausgeholt. Sie war wegen ihres Einsatzes für einen jungen Schwarzen verhaftet worden, und diese ungerechte Verhaftung veranlaßte die Muslime zu handeln. Gemeinsamkeiten hatte die Nonne vor allem mit dem Sufismus festgestellt.[105] Der orthodoxe Mönch dagegen sah das Wichtige am Islam darin, daß er zum runden Weg um das Zentrum »der eine Gott« zurückführe. Gegen diesen Weg des Ostens sei der Weg des Westens ohne Zentrum, ohne Orientierungspunkt, eindimensional und mache unglücklich. Auch habe der Islam das Versprechen der Einheit eher gehalten als das Christentum. Er wies ebenfalls auf die innere Verbindung zwischen Mönchen und Sufis hin.[106]

Insgesamt wurde der Bereich Gebet, Gottesdienst und Spiritualität im christlich-muslimischen Dialog in den vergangenen fast 25 Jahren eher gemieden. Man stufte beispielsweise materielle Nothilfe als vordringlicher für die Menschen ein und widmete ihr sehr bald auch viel mehr Zeit und Aufmerksamkeit als dem geistlichen Bereich.

Praxis – die mittlere Ebene des Dialogs

Die praktischen sozialen, ethischen und politischen Fragen, also die allgemeinen Anliegen einer Weltgesellschaft mit Überlebensproblemen, waren selbst in den Kreisen akzeptiert, die dem Dialog mit dem Islam sonst eher kritisch gegenüberstanden. Ja, es wurde bei der Schaffung der neuen Untereinheit für Dialog mit Menschen anderen Glaubens durch den ÖRK sogar geäußert, eventuell sei das gemeinsame *Handeln* für die Menschen Grund und Berechtigung des Dialogs.[107] Auf alle Fälle war das Handeln für die Menschen von Anfang an ein Motor und Schwerpunkt des christlich-muslimischen Dialogs, wobei die Christen die Betonung mehr auf Frieden, die Muslime mehr auf Gerechtigkeit legten, ohne die Liebe nur ein Wort sei. Doch eine gerechte Weltgemeinschaft als Ziel erwies sich bald als utopisch, zu viel müßten beide Seiten jeweils aufgeben, um zu einem einheitlichen Wertsystem für eine solche Gesellschaft zu kommen. Allein von christlicher Seite wäre die theologische Basis einer solchen Gemeinschaft schon divers, und das muslimische Konzept von Weltgemeinschaft (Einheit aller Völker, da Gott zu allen Völkern Propheten gesandt hat, was der Islam aufgezeigt und vollendet habe) wäre wiederum für die Christen aller Denominationen und theologischen Richtungen unannehmbar. Doch praktische Zusammenarbeit war allemal möglich, das bewiesen die regionalen politischen Gemeinschaften.

Die größte Übereinstimmung herrschte auf dem Gebiet der Ökologie, von muslimischer Seite allerdings beschränkt auf die Vorschriften des islamischen Rechts für den Bereich der Wirtschaft. Sonst gab es Lippenbekenntnisse, von seiten des Islams vor allem zu sozialer Gerechtigkeit, ohne daß anschließend etwas geschehen wäre. Im Gegenteil, es kam sogar zu einer großen Auseinandersetzung zwischen Christen und Muslimen um humanitäre Hilfsprogramme. Die Christen hatten mit den muslimischen Dialogpartnern gemeinsame Aktionen planen wollen, da man nicht mehr getrennt tun wollte, was man auch gemeinsam tun könnte. Sie wollten lieber mit als nur für andere handeln – und fanden sich von der grundsätzlichen Kritik der Muslime in die Defensive gedrängt.[108] Für die Muslime waren die christlichen Hilfsprogramme schlicht Proselytismus, den sie abgestellt wissen wollten. Sie stellten folgenden Forderungskatalog auf: alle Hilfsprogramme aus rein humanitären Gründen, ohne noch so indirekte Verbindungen zu einem Übertritt; Hilfe zwar von, aber nicht durch religiöse, sondern nur durch staatliche Organisationen; kirchlicher Druck für mehr Entwicklungshilfe aus den Industrienationen.[109] Die Christen gingen zwar nicht grundsätzlich, aber doch praktisch auf die Beschwerden weitgehend ein: Christen sollten Hilfsprojekte nicht als Mittel zum Zweck benutzen, eventuell sogar einmal Hilfe über humanitäre Organisationen verteilen. Überhaupt sollten sie mehr von kurzfristiger Nothilfe auf langfristige Entwicklungshilfe umstellen und dabei verstärkt mit anderen Glaubensgemeinschaften zusammenarbeiten, so der Vorschlag an den Ökumenischen Rat. Man sollte sich auch mehr mit dem Thema »Entwicklungshilfe« und mit vielversprechenden Projekten befassen, mehr kirchliche Mittel dafür bereitstellen und auch die Industrieländer auffordern, mehr als die von der UNO geforderten 0,7 Prozent des Bruttosozialprodukts für die Entwicklungshilfe zu geben. Auch die christlich-muslimische Zusammenarbeit bei Entwicklungsprojekten sollte auf allen Ebenen gefördert werden. Schließlich wurden noch genauere Studien vor allem zu den großen muslimischen Flüchtlingszahlen angeregt.[110]

Dennoch kam das Gespräch über praktische Fragen der Zusammenarbeit erst wieder bei den regionalen Dialogen in Gang, also mehr »at the grass-roots level«.[111] Dort wurde deutlich, daß Christen wie Muslime in ihrer Analyse der wirtschaftlichen, sozialen und ökologischen Lage praktisch übereinstimmten: Die Konzentration von Reichtum einerseits und das Anwachsen der Armut andererseits, besonders in Asien, die zunehmende Verstädterung und die wachsende Kriminalität, die unproduktiven Rüstungsausgaben und dann noch Öl- und Rohstoffkrise in den Industrie- sowie Bevölkerungkrise in den Entwicklungsländern – schlicht das gesamte Weltwirtschaftssystem in seiner Ungerechtigkeit wurde in Frage gestellt. Den Maßstab für diese Beurteilung lieferte die Beziehung Gott –

Mensch – Schöpfung, deren praktische Konsequenzen beide Religionen im Dialog sehr ähnlich definierten: Ablehnung von Verschwendung in jeder Form, also auch Ablehnung der Konsumgesellschaft, Einsatz gegen die Umweltzerstörung, Plädoyer für eine Minitechnologie und Definition von Entwicklung als Mindeststandard, der Beschäftigung mit geistlichen Werten möglich macht. Gerade auf diesen Mindeststandard müßten Christen und Muslime erst einmal hinarbeiten, denn Menschen in Slums könnten mit Moral und religiösen Werten wenig anfangen. Das islamische Ideal ist ohnehin eine sozial gerechte Gesellschaft.[112] Der Islam bot auch mehr interne Lösungsmöglichkeiten, während die Christen bei den Dialogen häufig auf revolutionäre sozialistische Modelle zurückgriffen. Insgesamt war die Diskussion um diese Wirtschaftsproblematik aber oft nur die hilflose Frage: Was dagegen tun, wenn man doch mittendrin lebt?

In der Praxis, so stellte sich heraus, wurde die meiste Arbeit in konkreten Bedarfssituationen von Frauen geleistet, von Christinnen und Musliminnen in geradezu selbstverständlicher Zusammenarbeit. Doch dies hatte (noch) kaum Einfluß auf den offiziellen christlich-muslimischen Dialog, da die Frauen nicht aus offizieller Planung und in offizieller Funktion handelten und in den großen Dialogen völlig unterrepräsentiert waren.[113]

So blieben in den Leitlinien für den christlich-muslimischen Dialog große Gegensätze im praktischen Bereich zu verzeichnen, sei es in der Gestaltung der Wirtschaft, in der Definition von sozialer und rassischer Gerechtigkeit oder im Verständnis der Menschenrechte und in der Lösung von Konflikten wie beispielsweise der Flüchtlingsfrage. Immer lehnte sich die muslimische Seite eng an Vorschriften des islamischen Rechts an, die von den Christen als einengend, ja unterhöhlend eingestuft wurden. Umgekehrt blieb die diakonische Grundhaltung der Christen den Muslimen proselytismusverdächtig.[114]

Diese Gesprächssituation muß natürlich regional differenziert werden: Der Libanon beispielsweise blieb ein positives Beispiel für den christlich-muslimischen Dialog, wenn auch während des Bürgerkriegs nur auf Nachbarschaftsebene.[115] Insgesamt ist das Verhältnis von Christen und Muslimen im *Nahen Osten* von Standesunterschieden geprägt. Das bewirkte eine oberflächliche, nicht krisenfeste Kommunikation.

In *Europa* förderte besonders Großbritannien (mit dem Zentrum Birmingham) den Dialog wie auch den Einsatz in praktischen, nicht theologischen Fragen. Dies gilt allerdings mit der Einschränkung, daß die Wahrnehmungsfähigkeit für religiös bedingte Unterschiede eher gering ist, weil Religion generell als Privatsache gilt. Die stillschweigende Erwartung ist, niemand dürfe sich öffentlich gegen die herrschende Meinung wenden und alle müßten sich wie die christlichen Kirchen verhalten. Wer jenen Erwartungshaltungen nicht entspricht, gilt als Fundamentalist, Extremist und Fanatiker. – In manchen praktischen Angelegenheiten hat der Islam in Großbritannien vom Judentum als alteingesessener Minderheit profitiert, z. B. bei der Schächtung. Auch religionsspezifische Bestattungsmöglichkeiten gibt es inzwischen. Als ein großes Problem erweist sich die Schulausbildung, weil christliche wie muslimische Eltern in diesem Bereich eher auf Distanz gehen und dem Kind lieber eine Erziehung in den eigenen Kreisen ermöglichen wollen. Diese unterschiedliche Kultur und Lebensart kann eben nur mit einer gewissen gesellschaftlichen Trennung erhalten und gepflegt werden.[116] Insgesamt aber ist Europa, das bestätigten auch die Muslime, tolerant. Manchmal ließe sich sogar die Frage stellen, ob Europa nicht in praktischen Fragen bereits zu viel Toleranz gegenüber einem juristisch-religiösen System übt, das sich von seinem eigenen doch grundsätzlich unterscheidet.

Völlig anders stellt sich die Situation in *Afrika* dar. Dort sind beide Religionen, besonders aber die westliche Kultur Fremdkörper gegenüber der afrikanischen Solidarität und Spiritualität. Eine Rückkehr zu diesen Ursprüngen wurde für Gesellschaft und Erziehung gefordert: Wie die Errungenschaften moderner Wissenschaft und Technik müßten auch die Religionen bis auf einen Kern (beim Islam Monotheismus, beim Christentum Liebe) den Afrikanern angepaßt werden und nicht umgekehrt. Das Charakteristikum Afrikas sind multireligiöse Familien, weswegen die praktischen Probleme auch zumeist auf der familiären Ebene zu finden sind.[117]

In *Südostasien* dagegen war der gemeinsame Aufbau von funktionierenden Staaten das vordringliche Anliegen, eng verknüpft mit den ökonomischen Problemen der Region. Eine theologische Lösung durch Islamisierung, wie in Ansätzen vorhanden, wurde aber entschieden als Scheinlösung abgelehnt. Die große und unartikulierte Mehrheit wolle nur eine wirtschaftlich bessere, sozial gerechtere Situation und die Möglichkeit und den Spielraum, auch in dieser gewandelten Situation der Moderne eine religiöse Identität zu entwickeln. Statt nun neue und bessere, gerechtere Wirtschaftskonzepte zu entwickeln, antworteten Minderheiten mit vordergründigen, werbewirksamen Islamisierungsmaßnahmen, so geschehen beispielsweise in Malaysia.[118] Einen Sonderfall stellt Indonesien dar mit seinen fünf staatstragenden Prinzipien (Pancasila): Glaube an Gott, Menschlichkeit, Nationalismus, Demokratie und soziale Gerechtigkeit. Pancasila war wiederholt muslimischer Kritik ausgesetzt, die den Staat mit den meisten Muslimen der Welt lieber als islamischen Staat gesehen hätte, wurde aber von den indonesischen Christen (wie anderweitig auch von der Mehrheit der typisch indonesisch geprägten Muslime) verteidigt.[119]

Das zeigt, wie unterschiedlich der Stand des praktischen Dialogs in den einzelnen Weltgegenden ist, einfach weil die Ausgangslage so verschieden ist. Es zeigt aber auch die konkrete Notwendigkeit von Dialog und Zusammenarbeit deutlicher als jede globale Stellungnahme. Die »Praxis« – wie sie hier verstanden und gezeigt wird – nimmt sozusagen die mittlere Position zwischen der familiären und der staatlichen Ebene ein. So schwer sie manchmal auch abzugrenzen sein mag, ist sie doch eine Ebene, die für den Dialog viel austrägt. Selbst wenn politische und gesellschaftliche Konflikte vorhanden sind, sind auf einer niedrigeren Ebene oft noch Dialog und Zusammenarbeit möglich und werden sogar als nötig angesehen. Andererseits hat Dialog und Zusammenarbeit auf dieser mittleren Ebene mehr gesellschaftliche Breitenwirkung als innerfamiliärer Dialog und auch nicht die ganz eigenen Schwierigkeiten, die in einer Familie auftreten können. Hinzu kommt, daß die meisten Menschen sich in diesem Bereich am ehesten kompetent und handlungsfähig fühlen und von daher interreligiösen Dialog als berechtigt, ja sogar als nötig einstufen, welche Vorbehalte sie sonst auch haben mögen. So war bei allen Dialogen zu beobachten, wie die praktischen Fragen den theologischen vorgezogen wurden.

Christlich-muslimischer Dialog und Politik

Ein eigenständiger und besonders für die Muslime ganz selbstverständlicher Bereich des christlich-muslimischen Dialogs war die Politik. Für die Muslime sind Staat und Religion eng verbunden, während es eine allgemeingültige christliche Antwort zu diesem Bereich nicht gibt: Das Neue Testament kennt sowohl eine positive (Röm 13) als auch eine absolut negative (Offb 13) Haltung gegenüber dem Staat. Damit waren für den christlich-muslimischen Dialog von Anfang an die Fronten vorgegeben: Die Muslime wollten meist einen islamischen Staat, was de facto Säkularisierung ausschließt, während die Christen dabei sofort an Schutzbefohlenenstatus und heiligen Krieg dachten und folglich eher die Säkularisierung wünschten. Dies entsprang nicht einer Notwendigkeit christlicher Lehre, sondern der historischen Situation und den eigenen Erfahrungen. Die Muslime wollten auch die religiös-politische Vorstellung des »heiligen Kriegs« nicht aufgeben, da Muslime sowieso nur zu militärischen Mitteln greifen dürfen, wenn sie angegriffen werden oder die Freiheit eines Volkes, sich (für oder gegen den Islam) zu entscheiden, beschnitten wird.[120]

Säkularisierung hat außerdem den Nebeneffekt, daß religiöse Absolutheitsansprüche auf Gruppen innerhalb eines Staates beschränkt bleiben. Der jeweilige Staat selbst macht sich nicht zum Vertreter dieser Absolutheitsansprüche, da er ja nicht religiös geprägt ist. So können etwaige militante Auswirkungen dieser religiösen Absolutheitsansprüche nicht so leicht auf die zwischenstaatliche Ebene durchschlagen und dadurch einen angestrebten weltweiten Frieden stören.[121]

Durch das Wiederaufleben des Islam Ende der siebziger Jahre (Januar 1979 – Sturz des Schah) wurde die spannungsgeladene Situation noch verschärft. Immer öfter stieß die rechtliche Gleichstellung *aller* Bürger in Staaten mit überwiegend muslimischer Bevölkerung bei den Muslimen auf Ablehnung. Die Bildung von Nationalstaaten an und für sich war und blieb für die Muslime problematisch, da sie in der ›umma‹ eine klare Zielvorstellung von der religiös-politischen Gemeinde *aller* Muslime weltweit haben, abgesehen davon, daß Gottes Rechtleitung im Koran und im Vorbild des Propheten Mohammed für alle Menschen zu allen Zeiten, an allen Orten und in allen Lebensbereichen gilt. Die ÖRK-Vertreter versuchten, in dieser Situation beruhigend auf die Christen einzuwirken, konnten aber die Ausgangslage nicht ändern.[122]

Die gesamte Bandbreite des Themas »Politik« wurde in den regionalen Dialogen sichtbar. In Südostasien, teilweise auch in Afrika, bewerteten viele muslimische Teilnehmer die Islamisierungstendenzen oder gar angestrebte oder vorhandene islamische Staatsverfassungen sehr kritisch. Die Lösungen seien oft nur pseudoislamisch, einen wirklich islamischen Staat habe es seit den ersten, rechtgeleiteten Kalifen nicht mehr gegeben.

Ein wirklich islamischer Staat nach diesem Vorbild wäre ein Staat, in dem Herrscher wie Untertanen in erster Linie vorbildliche Muslime sind und in dem von den Nichtmuslimen nur Juden und Christen Bürger werden können, natürlich auch nur, wenn sie sich den besonderen rechtlichen Bestimmungen unterwerfen. Die gesamte rechtliche Struktur dieses Staates nach innen und außen basiert auf islamischem Recht, und auch die Politik wäre stark von der Wahrnehmung islamischer Interessen bestimmt. Das egalitäre und das soziale Moment wären durchaus deutlich vorhanden in diesem Musterstaat, nur eben nach islamischer Definition. Die Außenpolitik würde sich beispielsweise danach richten, ob ein Staat sich der universellen Sendung des Islam gegenüber feindlich zeigt, dann würden er und alle seine Bürger und Organisationen nach dem Kriegsrecht behandelt.

Man erwog stattdessen Konzepte, islamisches Recht nur für Muslime in Anwendung zu bringen und durch einen Vertrag (wie den Mohammeds mit den Juden von Medina) den Christen eine gleichberechtigte Bürgerschaft zu geben.[123] Das waren die typisch juristisch-programmatischen Lösungen der Muslime, die allerdings in ihren Ergebnissen die Christen wenig überzeugten. Die Einführung eines islamischen Staates bzw. zumindest islamischen Familienrechts war für die Muslime eines der großen politischen Themen des christlich-muslimischen Dialogs, sieht man einmal von den USA ab. Die Muslime legten dabei, was Europa und den Nahen Osten betraf, zweierlei Maßstäbe an. Man berief sich gerne auf die Demokratie, um eigene Vorstellungen und Wünsche als Mehrheit oder Minderheit durchzusetzen, stand aber der Demokratie westlichen Musters grundsätzlich kritisch gegenüber, sobald sie islamischen Vorstellungen von Staat, Politik und Gesellschaft zuwiderlief oder zumindest so eingestuft wurde. Da wurde eine Demokratie westlichen Musters im Gegensatz zum idealen, humanistischen, dienenden islamischen Staat, der individuelle Freiheiten läßt, schnell zum intoleranten Einheits- und Machtstaat – oder zum »laissez faire state«.[124] Für Länder unter kommunistischer Herrschaft, also entschieden islamfeindliche Staaten, galt sowieso ein besonderer Verhaltenskodex: Wenn Muslime solche gottlosen Herrscher nicht absetzen oder überzeugen könnten (in dieser Reihenfolge), müßten sie – nach Möglichkeit – auswandern.[125] Dieses Messen mit zweierlei Maß bestärkte die Christen in dem Verdacht, insgeheim gehe es den Muslimen politisch immer um die Einführung einer islamischen Theokratie. Zu Bürgern zweiter Klasse in einem solchen System aber wollten sich die Christen nie mehr machen lassen. In der Reihe dieser regionalen Dialoge wurde deutlich, daß die Frage von Religion und Staat besonders da von Bedeutung ist, wo ein Staat seine Identität sucht, also in Afrika und Südostasien, in geringerem Umfang auch im Nahen Osten, wo europäischer Einfluß direkt und indirekt zum Aufbrechen der alten islamischen Staatsstrukturen geführt hatte. In Europa ist es dagegen ein wesentlich weniger aktuelles Thema, trotz der muslimischen Zuwanderer der jüngsten Geschichte, und für die USA stellt sich das Problem faktisch gar nicht.

Daß die Wahrheit, so auch die entsprechenden Dialogleitlinien des ÖRK, mehr in der Mitte liegt, daß Christen nicht nur auf private Innerlichkeit orientiert sind und daß Muslime durchaus zwischen religiöser Autorität und politischer Macht unterscheiden können (auch wenn viele Muslime sagen, der Islam unterscheide nicht zwischen Religion und Politik), all das spielte angesichts der konkreten ungelösten Probleme, die sich auch noch ständig verschärften, mehr eine theoretische Rolle.[126]

Vor allem haben natürlich Minderheiten unter diesen Problemen zu leiden, wobei es vorkam, daß ein Muslim alle Muslime, die nicht nach islamischem Recht (also in einem islamischen Staat) leben, als Minderheit definierte.[127] Das gibt natürlich fast allen Muslimen das Recht, sich als Minderheit zu fühlen, während es umgekehrt ihre Selbsteinschätzung als die toleranteste aller Religionen nicht zuläßt, die juristisch bedingte Zurücksetzung der christlichen Minderheit anzuerkennen. Wieder wurde hier zweierlei Maß sichtbar, und wieder forderten Leute wie John B. Taylor, damals verantwortlich für den christlich-muslimischen Dialog des ÖRK, die Christen dazu auf, doch auch ohne direkte Gegenleistung tolerant zu sein, um die christlichen Minderheiten in muslimischen Ländern nicht noch mehr zu gefährden. Sogar für eingebildete Diskriminierungen von Muslimen durch Christen könnten andere Christen den Preis zahlen müssen.[128] Eine solche Aussage aber löste wiederum einen internen Streit bei den Christen aus. Muslime und Christen konnten sich einig werden, der jeweils anderen Minderheit Existenzrecht und Religionsfreiheit zu gewähren, aber schon bei den genauen juristischen Definitionen dieser Begriffe wurde es schwierig. Eine funktionierende multireligiöse Gesellschaft ist noch in weiter Ferne. Problemlos ist die christlich-muslimische Koexistenz offensichtlich nur, wo beide Seiten eine Minderheitenexistenz führen. Besonders problematisch sind dagegen Europa und der Nahe Osten, weil immer wieder Muslime das alte System mit mehreren Gesellschaften unterschiedlichen Rechts (und Status) in einem einzigen Staat fordern. Für Christen im Nahen Osten hieß das, nach Überzeugung der Muslime, so gut wie gleichberechtigt sein, also grundlegende Menschenrechte, eigenes Personenstandsrecht und Religionsfreiheit (sogar noch, wenn die Ehefrau zum Islam übertritt) zu haben und alle Ämter außer dem des Staatsoberhaupts ausüben zu dürfen.[129] Die Minderheitenproblematik ist somit ein Ableger der Grundfrage nach dem Verhältnis von Staat und Religion, genauer der Frage nach islamischem Staat und islamischem Recht.

Das Beispiel Indonesien zeigt, daß ein partnerschaftliches Verhältnis von Christen und Muslimen nicht von Zahlen abhängig ist, sondern mit beiderseitigen Bemühungen (und Rechtfertigungen wie dem Vertrag von Medina) überall verwirklicht werden könnte.[130]

Die Wahrnehmungsfähigkeit der Muslime für christliche Minderheiten in ihrem Einflußgebiet bildete sich erst aus, als man sich mit den Problemen muslimischer Minderheiten anderswo beschäftigte.

Man hielt beide Minderheiten definitorisch streng auseinander: Muslime in Europa sind eine eigentlich fremde Erscheinung, während Christen im Nahen Osten eindeutig zu Hause sind. In Europa trennt nur die andere Art der Kultur Minderheit und Mehrheit, im Nahen Osten kommen dagegen mehr Statusunterschiede zum Tragen.[131] Doch die christlich-muslimischen Minderheitenprobleme existieren geballt, man denke nur an folgende Situationen: die sich zuspitzende Lage im Westen, wo Muslime nun dauerhaft arbeiten und leben, die Ölstaaten, wo Christen Arbeiter auf Zeit sind, die orientalischen Christen, die zwar länger im Land leben als die dominierenden Muslime, aber trotzdem wie Fremde behandelt werden.

Mitunter wurden solche Probleme zu offenen Konflikten, wie bei den verschiedenen muslimischen und christlichen Minderheiten in *Südostasien*. Auch hier ist die doppelte muslimische Buchführung zu spüren: Die muslimische Minderheit in Mindanao (Philippinen) fühlte sich zum Aufstand gegen die christliche Zentralgewalt verpflichtet, und die Muslime forderten von den Kirchen eine Verurteilung der Reaktionen dieser Zentralgewalt. Umgekehrt hieß es von den Ausschreitungen gegen Christen in Indonesien, die Christen hätten sie sich selbst zuzuschreiben, da sie die Muslime durch Kirchenbau und missionarische Aktivitäten provoziert hätten. Die Christen müßten sich entschuldigen für ihren fortdauernden Imperialismus in Indonesien und Tansania, damit der christlich-muslimische Dialog überhaupt weitergeführt werden könne.[132] In *Afrika* gab es besonders im Sudan und in Nigeria harte Konflikte um die Einführung des islamischen Rechts als Staatsrecht. Streitpunkt war beispielsweise das Handabhacken bei Diebstahl, was selbst innerislamisch sehr umstritten ist, da es nur in einem Staat praktiziert werden darf, der seinen Bürgern eine gute Lebensqualität bietet.[133] Was Nigeria betrifft, so brachte ein regionaler Dialog des ÖRK wenigstens den Erfolg, daß die nigerianischen Teilnehmer selbst einen Dialog vereinbarten. Die Konflikte im Sudan führten zu einem jahrelangen Bürgerkrieg, dessen Ende noch nicht in Sicht ist. Auch der Versuch des ÖRK, zumindest ein Zeichen zu setzen und dort ein Treffen der Dialog-Arbeitsgruppe abzuhalten, scheiterte an der politischen Lage. Meist waren die nationalen Konflikte zu groß und der Einfluß des Ökumenischen Rates zu gering, um durch Dialoge allein eine Veränderung der Lage zu erreichen. Es ist aber auch klar, daß nichts den Dialog so sehr in Gang gebracht, ja vielleicht sogar vorangebracht hat, wie eben diese Konflikte. Nationale Konflikte, in die Religion verwickelt ist, stehen auf der Liste zukünftiger Dialoge ganz oben.[134]

Beispielhaft für diese Tatsache ist der *Nahostkonflikt*. Kein anderer regionaler Konflikt, in den Christen und Muslime verwickelt waren, bekam soviel Aufmerksamkeit - sowohl in der Öffentlichkeit als auch im christlich-muslimischen Dialog. Der Sechs-Tage-Krieg z. B. war für die Christen der eigentliche Anlaß, nicht nur über christlich-muslimischen Dialog zu sprechen, sondern ihn wirklich zu beginnen. Für die muslimischen Teilnehmer war die Diskussion um den Staat Israel der Rechtfertigungsgrund für ihre Teilnahme an einem solchen Dialog.[135] Hier ging es um die Lebensfrage schlechthin der arabischen Teilnehmer: Sie bejahten die Existenz von Juden in Palästina, lehnten aber den jüdischen Staat dort völlig ab. Obwohl diese Differenzierung sehr an die typisch muslimischen Vorstellungen von der Organisation eines islamkonformen Gemeinwesens erinnert, wurde sie von arabischen Christen fast noch vehementer vertreten als von ihren muslimischen Brüdern. Antisemitismus sei ein typisch westliches Problem und die westliche Unterstützung für Israel eine Ungerechtigkeit und unvereinbar mit der Universalität des Christentums. Das Thema erwies sich als unlösbar und führte zu teilweise handfestem Streit auf Dialogkonferenzen, auch unter den Christen selbst, die sich über den Status des Landes und damit auch des Staates Israel nicht einig werden konnten. In den offiziellen Verlautbarungen ist von diesen Auseinandersetzungen nichts mehr zu spüren. Man fand eher nichtssagende Kompromißformeln oder verbannte die offenen Worte in interne Zusatzpapiere, die die westliche Öffentlichkeit nie erreichten, sondern nur im Mittleren Osten publiziert wurden.[136] In öffentlichen Stellungnahmen zum Nahostkonflikt ergriff der Ökumenische Rat eher die Partei der Palästinenser und Araber. Die Araber, allen voran die Christen unter ihnen, setzten diese Solidarität auch selbstverständlich voraus, aus theologischen Gründen.[137] Für die theologischen Argumente der Gegenseite machte die eigene Lage sie - und nicht nur sie - blind. Selbst manche westliche Christen wollten dem Nahen Osten jede Besonderheit absprechen, und zwar mit schärfsten Verurteilungen wie »idolatrous view of the Holy Land«.[138] Für die Berater König Faisals von Saudiarabien aber war die Sachlage umgekehrt klar: Anhänger aller drei Religionen dürfen ihre heiligen Stätten in Jerusalem besuchen, Palästina aber gehört denen, die schon immer dort gelebt haben, und keinesfalls kann jeder Jude Bürger Israels sein.[139] Erst als die UNO der PLO Beobachterstatus gewährte und man allgemein für die Region Friedenshoffnungen nährte, kam auch Auftrieb in den Dialog. Die Kirchen sahen sich schon in der Rolle des Vermittlers zwischen Juden und Muslimen, die sie bislang vergeblich angestrebt hatten. Doch diese Hoffnung zerschlug sich.

Die Probleme in der Region verlagerten sich nur. Der Libanonkonflikt begann. Die Islamisierungsbewegung setzte ein. Für die Palästinenser hatte man nicht mehr erreicht als die Anerkennung ihrer Identität als Volk. Allerdings ist im Nahen Osten ja nicht einmal der Staatsbegriff klar ausgebildet, geschweige denn die Abgrenzung zur Religion – hier wären erst einmal genauere Studien erforderlich.[140] Die Motivation der Muslime zum Dialog sank, desgleichen die der Christen im Nahen Osten. Bei ihnen vermutete man verstärkt Solidarität mit den Glaubensgenossen außerhalb statt mit den muslimischen Volksgenossen. Das verstärkte die muslimischen Vorwürfe gegen die Christen allgemein, obwohl der ÖRK beispielsweise die Berechtigung der Intifada offiziell anerkannte. Höhepunkt dieses Mißtrauens war der Golfkrieg: Die meisten Araber verurteilten die Besetzung Kuwaits, sahen aber auch die zahlreichen anderen Probleme in diesem Zusammenhang, die die westlichen Mächte in ihrem Drängen auf eine militärische Lösung ausblendeten. In ihrer Hilflosigkeit, den Krieg nicht verhindern zu können, hoben sie ihn auf die Ebene des Religionskonflikts zwischen dem christlichen Okzident und dem arabischen Orient. Alles durch den christlich-muslimischen Dialog gebildete Vertrauen, ja dieser Dialog selbst schien gefährdet. Die unerwartete Rettung kam zunächst durch den einsetzenden politischen Friedensprozeß. Er machte sogar einen jüdisch-christlich-muslimischen Trialog möglich (über Jerusalem), auch wenn dieser sich sehr schwierig gestaltete und keine konkreten Ergebnisse zeitigte, außer daß man die Rechte dreier Religionen und zweier Nationen an dieser Stadt anerkannte.[141] Der christlich-muslimische Dialog wurde durch den Nahostkonflikt in Gang gebracht und reagierte auch später wie ein Seismograph auf alle Bewegungen in diesem Gebiet, seien sie negativ oder – vereinzelt – positiv. Sich für Frieden in der Region einsetzen zu können und so einen christlichen Auftrag zu erfüllen, war das Motiv für den Beginn des christlich-muslimischen Dialogs. Eine wirkliche Friedensinitiative konnte er aber nicht sein, dazu reichten die konkrete Macht und die konkreten Lösungsvorschläge der Kirchen nicht aus. Eine Stellungnahme von 1969 zu Nahostkonflikt und christlich-muslimischem Dialog kann heute noch immer gelten:

> *Stoff für den Dialog fehlt also nicht, der Hinweis auf die gegenwärtigen politischen Verhältnisse zeigt allerdings auch, wie zerbrechlich das Unternehmen bleibt. Es ist keine Selbstverständlichkeit, wenn dieses Gespräch dauern und wachsen kann.*[142]

Dialog und Mission

Es gab immer auch Auseinandersetzungen zwischen den christlichen und muslimischen Dialogpartnern. Die Muslime warfen den Christen vor, den Dialog lediglich als ein neues Mittel zur Mission zu benutzen. Diese christliche Mission aber bezichtigten sie ohnehin des Proselytismus und sahen sie als einen religiösen Affront gegen das Selbstverständnis des Islam als letztgültige Religion. Zu bekehren sei eine genuine Aufgabe Gottes, in die einzugreifen Menschen nicht zukomme. Besonders in Südostasien wurde um diesen Komplex heftig gestritten, was zwar historisch wegen der kolonialen Vergangenheit nachvollziehbar ist, die gegenwärtige Situation aber nicht trifft. Auch hier wurde wieder ein ambivalentes Verhalten auf muslimischer Seite sichtbar, die nicht den gleichen Maßstab für beide Dialogpartner anwandte.

Die Mission auf beiden Seiten war sogar einmal ein eigenes Dialogthema, wobei die ÖRK-Unterabteilung für Dialog aber nicht beteiligt war, sondern nur die »Commission on World Mission and Evangelism« (CWME).[143] Die Muslime argumentierten dabei hauptsächlich auf der theologischen Ebene: Das Christentum sei autoritär, ein blinder Glaube an Irrationalitäten, arbeite mit Psychomethoden; ferner gebe es kein positives, echtes Zeugnis, sondern nur Polemik gegen den Islam. Proselytismus und Kolonialismus waren die immer wiederkehrenden Vorwürfe. Alles, ob Kirchenbau oder Entwicklungshilfe, Erziehung oder ärztliche Hilfe, Patenkinder oder sonstiges persönliches Engagement, ziele nur auf den Glaubensabfall der Muslime, die dann häufig zu Atheisten oder Kommunisten würden.[144] Der Islam dagegen sei die ursprüngliche und auch moderne Religion. Islamische Mission sei rationales Überzeugen von einer so einleuchtenden Wahrheit (Einheit Gottes), daß man ein Narr oder böswillig, ja eigentlich unmenschlich sein müsse, um sich ihr nicht anzuschließen.[145] Es läuft darauf hinaus, daß Islam und islamische Mission zuerst die anderen Religionen de jure anerkennen und sie sodann zur Selbstkritik auffordern. Sie sollen nur das glauben, was sie mit den Muslimen gemeinsam haben. Glauben bedeutet, ein Mitglied der muslimischen Gemeinschaft zu werden, wobei diese sich noch in drei Ebenen aufteilt: die der Prinzipien (Glaube an einen Gott, an das Leben nach dem Tod, das Prophetentum etc.), die der ›sharīʿa‹ (»Glaube« an das soziale, gesetzliche und rituelle System) und die des »Glaubens« an Gemeinschaft und Staat. Unklar ist, ob, wer nur an die Prinzipien glaubt, schon Muslim ist. Mission wird im Islam sehr unterschiedlich gewertet und hat nie eine organisierte Form angenommen wie etwa im Christentum.[146] Ein Übertritt vom Islam zu einer anderen Religion ist im Geltungsbereich des islamischen Rechts sowieso nicht möglich.

Die Muslime traten sehr selbstbewußt auf. Sie forderten vom Ökumenischen Rat die Distanzierung von früherem Verhalten, wie es die katholische Kirche mit der Teilanerkennung des Islam im Zweiten Vaticanum praktiziert hatte.[147] Außerdem forderten sie das Abstellen des Mißbrauchs im Bereich der Diakonie, d.h. nach ihrem Verständnis sollten alle Hilfsmaßnahmen aus rein humanitären Gründen geschehen (ohne auch nur eine indirekte Verbindung zu einem Übertritt) und diese Hilfe sollte, auch wo sie religiöser Herkunft war, nur durch staatliche Organisationen geleistet werden.[148]

Wie die Nahostpolitik für die Muslime der maßgebliche Faktor für den Dialog war, so war die christliche Mission für sie das entscheidene Argument, das gegen einen Dialog sprach.[149] Dies führte sogar zur Verlegung der Vollversammlung des ÖRK 1975 von Djakarta nach Nairobi: Bestimmte muslimische Kreise in Indonesien hatten in der Vollversammlung den Start einer großen Christianisierungskampagne durch die einladenden indonesischen Kirchen gesehen und gedroht, man werde dies nicht tatenlos hinnehmen. Die Ablehnung christlicher Hilfsprojekte jeder Art blieb auch später unverändert und fand sogar Eingang in gemeinsame Dialogpapiere, in denen dann Formulierungen auftauchen wie »misused *diakonia* activities«.[150] Jenseits aller Polemik warfen die Muslime den Christen vor, keine genauen Definitionen und Ziele für Dialog, Zeugnis, Evangelisation und Mission zu haben und von daher keine Trennungslinien ziehen zu können. Positiv forderten sie die Anerkennung der gleichen Würde und Identität aller Dialogpartner.

Die Christen waren von diesem Ansturm von berechtigten, weniger berechtigten und schlicht überzogenen Forderungen verunsichert. Sie schätzten Proselytismus ein als »jeden Versuch, den anderen mit Mitteln zu überzeugen, die dem Wesen der Wahrheit nicht angemessen sind. Wenn Mission die Verletzung dieser grundlegenden Regeln bedeuten sollte, steht sie tatsächlich im Gegensatz zum Dialog; sie kann dann nicht entschlossen genug abgelehnt werden.«[151] Andererseits sahen die Christen durchaus den Zusammenhang zwischen Dialog und Zeugnis. Sie waren selbst im Bezug auf das Verhältnis von Dialog und Mission sehr zerstritten. Immerhin hielt man generell den Dialog für wichtig, weil durch ihn die Negativkonnotationen der Mission zur Sprache kämen. Organisatorisch wurde durch Bildung der Untereinheit »Dialog mit Menschen anderen Glaubens« eine saubere Trennung von der Mission vorgenommen. Die Christen übten sehr wohl auch Selbstkritik, was die Diakonie in der Mission betraf. Doch diese leisen, differenzierten Töne gingen angesichts der geballten Eigendarstellung der Muslime als Perfektionisten und Opfer unter. In der Selbstreflexion erkannten die Christen durchaus, daß ihre eigenen Schuldkomplexe ein großer Motor des Dialogs waren.[152] Für sie waren Respekt und die Ethik einer neuen Gemeinschaft Ziel der Dialogbemühungen, und ›missio dei‹ definierten sie zunehmend als Mitpilgerschaft. Über Formen der Mission war man bereit, mit sich reden zu lassen, über die Aufgabe der Mission an sich nicht, dazu ist sie ein zu zentraler Punkt des Christentums.

Man versuchte auch, Verhaltensregeln für den Dialog aufzustellen, was letztlich auf folgendes hinauslief: Solidarität, duldende Liebe, Respekt für die Würde und die geistlichen Reichtümer der Muslime (keine Abqualifizierung als Ungläubige), Diakonie nicht als Druckmittel und Gehorsam im abrahamitischen Glauben.[153] Man sagte auch zu, mehr Hilfe über neutrale humanitäre Organisationen zu verteilen und zunehmend auf langfristige Entwicklungsprogramme umzustellen.[154] Darüber hinaus war das Spektrum der Meinungen auf christlicher Seite breit und ging von der Einschätzung der muslimischen Mission als vorbildhaft bis zur Einstufung der Kritik an der christlichen Diakonie als politischen Angriff auf den gleichberechtigten Status der Christen. Mancher meinte, solange der Dialog nicht zum Instrument der Mission werde, könne es doch keine Probleme geben.[155] Dabei trifft wohl eher zu, daß es keine

Probleme gibt, solange beide Seiten im Dialog das gleiche Ziel verfolgen – und sollte es Mission sein.[156] Auch ist deutlich zu spüren, daß der Dialog schon an das Selbstverständnis von Mission gerührt hat. Gerade was den muslimischen Bereich angeht, wurde man zunehmend bescheidener: Allein die Möglichkeit, als Christ in einem muslimischen Land zu bleiben, wurde schließlich schon als Mission eingestuft. Im Bereich des Islam hatte es sich ja als falsch erwiesen, daß durch Mission über kurz oder lang neue Kirchen entstehen. Die katholische Kirche hat mit dem zweiten Vaticanum begonnen, sich auf Menschen einzustellen, die Nichtchristen bleiben wollen – ein Umdenkprozeß, zu dem sie auch die anderen Kirchen aufforderte.[157] Grundsätzlich hielten die Christen aber daran fest, daß Mission zur Religionsfreiheit gehört. Diese faktisch zu verweigern, ist ihr Hauptvorwurf an die Muslime und den Islam. Auch an der Diakonie hielten die Christen fest, als an einer Form des Zeugnisses, die ihre eigene Integrität habe.[158] So bleibt die Situation schwierig, von beiden Seiten aus gesehen. Besonders auf christlicher Seite sind entscheidende Fragen offen geblieben. Der Dialog hat die Differenzen im eigenen Lager aufgezeigt und die alten Wunden und Vorbehalte der Muslime hervortreten lassen. Angesichts einer Problematik, die von den Muslimen als größtes Dialoghindernis eingestuft wurde, ist es schon ein Erfolg, daß überhaupt immer wieder Gespräche darüber zustandekamen und man so die Problemstellung ausloten konnte.

Am Scheidepunkt des Dialogs: islamisches Recht

›sharīʿa‹ bedeutet von der Ethymologie her »Weg zum Wasser«, im übertragenen Sinn also »Weg zum Erfolg in diesem und im nächsten Leben«.[159] Klare Fronten herrschten zu Beginn des Dialogs: Die Muslime waren, noch dazu mit steigender Tendenz, für die Einführung des islamischen Rechts als Staatsrecht, die Christen dagegen. Ein geradezu klassisches Bild des islamischen Staates sah so aus: Neben Muslimen können nur Juden und Christen Bürger werden, wenn auch zu besonderen Bedingungen. Der Herrscher eines solchen Staates ist selbstverständlich ein vorbildlicher Muslim. Das gesamte Rechtssystem basiert auf der ›sharīʿa‹, und islamische Interessen bestimmen auch die Politik. Die Verhängung des Kriegszustandes gegen ein Land und damit gegen dessen Bürger beispielsweise richtet sich nach der Einstellung dieses Landes zu den islamischen Gesetzen.[160] Das im wahrsten Sinn des Wortes allumfassende islamische Recht wurde von den Muslimen als Lösung für jedes ihrer Probleme betrachtet, die Christen dagegen sahen ihre Menschen- und Bürgerrechte in Gefahr. Entsprechend hart waren die verbalen Auseinandersetzungen und entsprechend gering waren die Ergebnisse, von leeren Versprechungen oft nicht weit entfernt. Das gilt beispielsweise von der Zusicherung von 1982, beiden Seiten würde ihr religiöses Privatrecht garantiert: Man hatte keine Ahnung, wie das verwirklicht werden sollte.[161] Die Christen, Katholiken ausdrücklich eingeschlossen, hatten eigentlich Angst, ein doppeltes Rechtssystem würde die Autorität des säkularen Staates zerstören. Die Reislamisierung weckte ungute Erinnerungen und verstärkte die alten Ängste noch. Die Problembereiche des islamischen Rechts waren jedenfalls deutlich und wurden teilweise sogar von den Muslimen selbst als solche anerkannt: barbarische Körperstrafen, diskriminierende Schutzbestimmungen für Frauen und Minderheiten (sämtlich Menschenrechtsverstöße), ferner Komplikationen durch verschiedene Rechtsschulen und Streit um Neuinterpretationen.

Lediglich im Bereich des Wirtschaftsrechts war bei den Dialogen generell ein positives Gesprächsklima spürbar. Der muslimische Beitrag zum Thema Religion und Wirtschaft, der die klaren praktischen Richtlinien islamischen Rechts für diesen Bereich aufzeigte, war sehr interessant: Es dürfen nur gute, nützliche Dinge hergestellt werden (Alkohol zählt nicht dazu). Niemand darf bei der Produktion ausgebeutet oder übermäßig gefährdet werden. Mohammed habe außerdem das Horten von Waren, Preistreiberei und den Zwischenhandel verboten sowie Monopole und Extravaganz. Schließlich werde nach islamischem Recht nicht das Einkommen besteuert, sondern das Vermögen.[162]

Die Christen versuchten sich angesichts der Reislamisierung mit Einzelfällen Mut zu machen (als Beispiel diente damals noch Indonesien). Bei einer internen Konferenz 1979 erkannten sie die Wichtigkeit des islamischen Rechts für die Muslime (diese definieren Feindlichkeit gegenüber Muslimen vor allem als Feindlichkeit gegenüber ihren Gesetzen) und ihr Gemeinschaftsgefühl an, wollten aber das Thema »Menschenrechte« in diesem Zusammenhang in der Diskussion haben. Insgesamt waren die Teilnehmer dieser Konferenz in ihrer Wahrnehmung der Problematik islamischen Rechts gespalten, je nach eigenem Erfahrungshorizont. Wer die Diskriminierung und Bedrohung durch islamisches Recht selbst schon erlebt hatte oder ernsthaft befürchten mußte, war ablehnend in seiner Haltung, konnte sich aber gegen die offenere oder – nach anderer Einschätzung: naive Haltung der Christen aus dem Westen nicht durchsetzen.[163] In den anschließenden regionalen Dialogen wurden die Spannungen wieder deutlich sichtbar. Die Muslime hielten teilweise regelrechte Werbereden für islamisches Recht und reagierten äußerst empfindlich auf den kleinsten Angriff auf diesem Gebiet. Sofort sahen sie ihr religiöses Leben bedroht, wie sie ja auch Säkularismus seit jeher definierten als Nichteinmischung in ihre religiösen Angelegenheiten, ihr religiöses Privatrecht ausdrücklich eingeschlossen.[164] Wenn überhaupt, gingen sie höchstens zu den Körperstrafen auf Distanz – oder Musliminnen forderten Reformen, was die Stellung der Frau betraf.[165] Musliminnen seien, so die muslimische Referentin Riffat Hassan, die größte und vielleicht am meisten unterdrückte Minderheit der Welt.[166]

Die Christen lenkten das Gespräch immer wieder auf die Punkte, die bei den vielen Lobreden verschwiegen, auf die Fragen, die nicht beantwortet wurden. Die Grundfrage aber, ob es islamisches Recht ohne islamischen Staat bzw. ob es einen islamischen Staat mit Vollbürgerschaft für Christen geben kann, blieb unbeantwortet. Der Graben zwischen einer juristisch und einer nicht juristisch denkenden Religion, zwischen einer Religion mit einer Einheit von Staat und Gesellschaft unter religiösem Recht und einer Religion mit der Trennung dieser Bereiche ist so tief, daß man vielleicht nie beiden gleichzeitig gerecht werden kann.[167] Nicht einmal die Basis, auf der man nach Lösungen suchen könnte, war klar, und die Bereitschaft, es zu tun, nahm außerhalb des Westens ab.[168]

Das Zwischenergebnis der christlich-muslimischen Dialoge, soweit sie islamisches Recht betrafen, war: Alles blieb offen. Die Problematik ist offensichtlich grundsätzlich, es stehen sich zwei völlig verschiedene Ansätze gegenüber. Je nach Konstellation dominierte in der Praxis der eine oder der andere Ansatz, und die Seite, die ins Hintertreffen geraten war, brachte ihre Beschwerden darüber vor. Dabei waren die Muslime lautstärker in ihren Anklagen, die Christen würden ihnen religiöse Rechte verweigern. Umgekehrt haben aber auch Christen den Verlust von bürgerlicher Gleichberechtigung, von religiösen Rechten, ja von Menschenrechten erlebt. Die Frage war nun, ob ein Weg gefunden werden kann, der beiden Religionen ihren Grundansatz läßt und trotzdem den Angehörigen der jeweils anderen Religion die geforderten Rechte gewähren kann. Da die Christen im Bereich des Rechtes im Grunde einen säkularen Ansatz vertreten, für die große Mehrheit der Muslime ›s̲harīʿa‹ aber eine ganz zentrale religiöse Größe ist und nicht grundsätzlich durch Säkularisierung in Frage gestellt werden darf, ist der Rahmen für eine Lösung eng. Die Muslime müßten mit traditionellen juristischen Mitteln dieselbe juristische Gleichberechtigung aller Bürger erreichen, die in den traditionell christlichen Ländern im Grunde durch die Säkularisierung erreicht wurde. Die große Frage ist, ob dies möglich ist, und noch vorher, ob die Mehrheit der Muslime die Notwendigkeit einer solchen Anstrengung überhaupt einsieht. Da islamisches Recht und damit der gesamte säkulare Bereich ja voll und bewußt in den Bereich der Religion Islam gehören, wirkt sich auch in diesem Bereich der islamimmanente Ansatz aus, die beste und einzig unverfälschte Rechtleitung Gottes zu besitzen, der eigentlich alle anderen folgen sollten und die man vom Ansatz her nicht den Nichtmuslimen und ihren mehr oder weniger irrigen Vorstellungen anpassen darf. Diese Haltung war den muslimischen Äußerungen ja auch abzuspüren, und die weltweite Tendenz der Re-Islamisierung geht dahin, frühere Anpassungen zurückzunehmen und nicht etwa neue zu machen. Mehr Interesse und Entgegenkommen war unter westlichem Einfluß spürbar.

Es war also ausdrücklich keine Situation für falsche Friedfertigkeit oder romantische Vorstellungen, in der zwei Dialoge nur zu islamischem Recht abgehalten wurden.[169] Die muslimischen Teilnehmer daran betonten die Veränderbarkeit des islamischen Rechts, die sich aus der Unterscheidung zwischen dessen Zielen und den konkreten Bestimmungen ergibt. Das Problem liegt aber darin, daß jeder diese Ziele anders definiert, daß selbst ein Zurückgehen auf den Koran nicht die Steine des Anstoßes aus dem Weg räumen könnte (im Gegenteil, sie manchmal sogar noch verstärken würde!) und daß viele Muslime keine Notwendigkeit sehen, juristische Entscheidungen zu revidieren bzw. dies sogar klar ablehnen. Das islamische Recht war nämlich in seiner Anfangsphase äußerst offen und flexibel, wurde aber in seiner Blütezeit weitgehend eingefroren, und genau dieses »weitgehend« ist der strittige Punkt unter den Muslimen selbst. Von Ausnahmen abgesehen lag der Schwerpunkt der Muslime auf internen Fragen und nicht auf der Verteidigung islamischen Rechts gegenüber den Christen. Deutlich war aber die Ablehnung des Säkularismus und der Menschenrechte in ihrer jetzigen Formulierung, die als westlich und dem Islam nicht angemessen eingestuft wurden. Doch gerade die Problematik der universellen Geltung bzw. kulturellen Relativierung der Menschenrechte konnte nicht erschöpfend behandelt werden und bot sich für einen eigenen Dialog an. Dieser hat inzwischen stattgefunden, war aber ausdrücklich nur ein erster Schritt auf diesem Gebiet.[170]

Ein interessanter Vortrag der ersten, allgemeinen Dialogreihe zum Thema Recht beschäftigte sich mit der Rolle religiöser Institutionen und Lehrer in einer zeitgenössischen muslimischen Gesellschaft. Die ›ʿulamāʾ‹ hätten keine besondere offizielle Rolle und sollten sie auch nicht haben. Ihre Autorität sei indirekter, basiere auf der Übereinstimmung ihres Handelns mit Koran und ›sunna‹ und dem Vertrauen des gemeinen Mannes darauf. Handlungsfelder seien dabei die Leitung der Gebete und die Durchführung anderer religiöser Riten, ferner islamische Erziehung für Kinder und Erwachsene (von den Moscheeschulen, besonders wichtig in der Diaspora, bis hin zu den islamischen Universitäten) und Missionsarbeit (›daʿwa‹) – entweder als Lehrtätigkeit oder in neuerer Zeit auch nach christlichem Vorbild als diakonische Arbeit. Außerdem sind die ›ʿulamāʾ‹ zuständig für religiöse Stiftungen und für die ›sharīʿa‹-Gerichtsbarkeit, soweit es sie gibt. In diesen Bereichen habe es durch die islamische Erneuerung neue Trends gegeben: Errichtung einer islamischen Gesellschaft durch Gewalt (›djihād‹-Gruppen in Ägypten und Algerien), durch politische Methoden (z. B. Moslembruderschaft in Ägypten) oder auf dem Erziehungsweg (z. B. Sufiorden). Allerdings hätten die ›ʿulamāʾ‹ die gewaltbereiten jungen Leute nicht in Richtung auf Mäßigung und friedliche Mittel beeinflußt, sondern sich immer nur einfach auf die Seite der Regierung geschlagen. Anerkennung solcher Gruppen als legitime Parteien und Einhaltung der bürgerlichen Freiheiten würden nach Meinung des Referenten die Neigung zu Gewaltmethoden abschwächen oder diese überflüssig machen.

In diesen Zusammenhang gehört auch die ›fatwaʿ‹, das Rechtsgutachten, das von einem einzelnen Gelehrten oder von einem Gremium gegeben werden kann. Solche Gremien werden teilweise von Regierungen gebildet (Sudan, Saudiarabien, Pakistan), doch mehr Vertrauen wird oft Gelehrten entgegengebracht, die mit Regierungen nichts zu tun haben.[171]

Es war und ist zur Einschätzung der Lage auch nötig, einen historischen Überblick über die Verhältnisse in Europa zu bekommen. Es gab im 19. und 20. Jahrhundert in Europa keinen Konsens mehr über das Verhältnis zwischen Glaube, institutionalisierter Kirche und der Rolle des Christentums im sozialen und politischen Leben der Nation. Man arrangierte sich je nach Konfession und Situation, und an diesen Arrangements änderte auch die Erschütterung durch den Faschismus nicht viel. Die Arrangements reichen von offizieller, wenn auch nicht streng durchgehaltener Trennung von Staat und Kirche (Paradebeispiel Frankreich) über Konkordate (vor allem in katholischen Ländern) und rechtlich abgesicherten Sonderstatus (Deutschland) bis hin zur Staatskirche (Dänemark). Gerade Monarchien haben viel vom alten Ritual bewahrt. Auch die inneren Strömungen, die die Entwicklung in Gang gebracht und begleitet haben, halten noch an: die Entfremdung der Menschen von der Kirche und die Entstehung neuer Bewegungen am Rande der Kirchen. Allerdings gibt es in Europa bisher nur zwei Staaten, nämlich Großbritannien und die Niederlande, in denen die Konfessionen sich wirklich gemischt haben. Die jüdischen Gemeinden in Europa haben sich über einen langen Zeitraum in ihrer institutionellen und organisatorischen Struktur den Kirchen angepaßt.

Von den in Europa neu angekommenen Muslimen ist dies noch am ehesten den Sufi-Gruppen gelungen, die ja immer schon in einer Distanz zum Staat gelebt haben. Das Gros der Muslime aus ländlicher Umgebung hängt aber dem Ideal der Kongruenz zwischen Religion und Politik nach, das so historisch gar nicht existierte. Ferner ist da noch das Problem der fortdauernden Verbindungen mit der islamischen Welt, sei es zum Heimatland, sei es zu der islamischen Welt (›umma‹) generell. Von europäischer Seite tendiert man dazu, auf alle Fälle die Kappung der Bindungen zum Herkunftsland zu verlangen und auch hinter die islamischen Bindungen Fragezeichen zu setzen, was die Loyalitätsfrage betrifft. Der christliche Referent des Dialogs schien diese Haltung nicht zu billigen, konstatierte aber, die Einbindung und Beteiligung von Muslimen sei leichter in rechtlich weniger komplizierten Situationen als beispielsweise der deutschen. Die Teilnahme an einem hochdifferenzierten, über Jahrhunderte entwickelten System sei schwierig für Gruppen, die spät und mit einem anderen Erfahrungshintergrund dazukämen. Die Eingangsschwelle sei automatisch höher als für die Neuhinzugekommenen vernünftigerweise zu verkraften, selbst wenn deren Erwartungen zu hoch seien.[172]

Schließlich gab es in dieser Dialogreihe auch ein Referat über muslimische Minderheiten und islamisches Recht in Europa. Das Referat strich den uneinheitlichen Charakter der muslimischen Gemeinde in Europa heraus. Die regionalen oder, was die Türkei betrifft, auch die politischen Bindungen bewirken, daß es viele verschiedene Moscheen gibt. Die Erfahrung, als Muslim in der Minderheit zu sein, ist in der Regel ganz neu und beängstigend. Erst die zweite Generation bemüht sich um ein Verständnis von Islam, das wirklich religiös, also unabhängig von lokalen Bräuchen ist. Dies ist allerdings gar nicht so einfach, da die importierten religiösen Lehrer dabei keine Hilfe sind.

Umgekehrt führen die Europäer schon seit 20 Jahren die »multikulturelle Gesellschaft« im Mund, die ethnischen Minderheiten Freiheit bietet – sofern diese Freiheit nicht das Wohlergehen der Gesamtbevölkerung aufs Spiel setzt. Für die Europäer aber stellen bestimmte Vorschriften des islamischen Rechts (z. B. die Körperstrafen) genau diese Akzeptabilität der Muslime in Frage. Nun ist zwar ›sharīʿa‹ der Sammelruf der Muslime in Europa gewesen, die ihren Glauben bewahren wollten, doch haben viele davon, beispielsweise die türkischen Staatsbürger, in ihren Heimatländern durchaus nicht unter islamischem Recht gelebt. Überhaupt mußten viele zu ihrer eigenen Verwirrung erst in Europa feststellen, daß es nicht nur ihr lokal geprägtes islamisches Recht gibt. Tatsächlich geht es nur einigen Muslimen in Großbritannien darum, eine islamische Gesellschaft im europäischen Umfeld aufzubauen, allerdings ohne die islamischen Körperstrafen.

Ansonsten sind die Muslime daran interessiert, ihre religiösen Pflichten erfüllen zu können, ihre Religion an ihre Kinder weiterzugeben und ihr eigenes Familienrecht zu bekommen. Das Problem der religiösen Sozialisation junger Muslime ist, daß die Eltern, herausgerissen aus einem Umfeld, in dem alles selbstverständlich war, die Warum-Fragen ihrer Kinder nicht beantworten können. Den Imamen aber fehlt der Kontakt zur europäischen Umgebung und deren Lebens- und Denkweise – es fehlen islamische Religionslehrer, die in Europa geboren und aufgewachsen sind. Die Erfüllung religiöser Pflichten durch die Muslime wird da problematisch, wo auch die Öffentlichkeit betroffen ist, also bei rituellen Schlachtungen, muslimischen Begräbnissen, islamischen Festen, Moscheebau, Gebetsruf, Status der zweiten Ehefrau und ihrer Kinder. In Frankreich, traditionell besonders säkular, ist z. B. das Tragen von Kopftüchern in den Schulen verboten worden. Was die Forderung nach islamischem Familienrecht angeht, so wirft das in der Tat einige juristische Probleme auf: Welche Rechtsschule soll in Anwendung kommen? Können die Muslime in einem Land sich einigen? Soll ein eigener islamischer Gerichtshof gebildet werden oder kann ein nichtmuslimischer Richter islamisches Recht sprechen? Soll der einzelne (was europäischem Denken entspräche) oder die Gemeinschaft wählen können, nach welchem Recht entschieden werden soll? Das größte Problem ist allerdings, daß das islamische Familienrecht nach westlicher Auffassung gegen das Menschenrecht auf Gleichheit von Mann und Frau verstößt, welches schwerer wiegt als das Menschenrecht auf Religionsfreiheit. Konkret wird die Ungleichbehandlung bei der Scheidung, in der Polygamie sowie darin, daß Musliminnen im Gegensatz zu ihren männlichen Glaubensgenossen keinen nichtmuslimischen Partner heiraten dürfen. Es gibt aber schon muslimische Frauen, die Mischehen eingegangen sind, und auch solche, die sich von europäischen Gerichten haben scheiden lassen. Bis jetzt hat die muslimische Gemeinde wenig getan, um Frauen davon zu überzeugen, daß das islamische Recht besser für sie ist.

Insgesamt stufte der christliche Referent die den Minderheiten abverlangte Anpassung als größer ein als die auf Seiten der Europäer nötigen Verhaltensänderungen.[173]

Die erstaunlichste Entwicklung der beiden ersten Konferenzen war eben die Haltung der christlichen Referenten gegenüber islamischem Recht. Sie sahen die ganze Problematik, auch ihre eigene Ohnmacht als Nichtmuslime in den nötigen rechtlichen Veränderungsprozessen – und übten dennoch keine grundsätzliche Kritik mehr von wegen Unvereinbarkeit mit säkularen und demokratischen Prinzipien. Im Gegenteil, die Referenten waren sehr selbstkritisch, was den Westen und dessen Institutionen betraf, und waren gegenüber islamischem Recht teilweise unkritischer als die Muslime. Es tauchte sogar der Gedanke auf, eine multikulturelle Gesellschaft lasse sich leichter auf einer religiösen als auf einer säkularen Weltanschauung aufbauen. Auch die Vorteile von mehrfachem Recht und Gruppenrecht zur Lösung solcher Konflikte wie im früheren Jugoslawien wurden positiv erwogen – in dem Wissen, daß islamisches Recht in der Praxis nie so gut funktioniert hat, wie man es theoretisch nun annimmt. Eine religiöse Weltsicht sei nicht so immanent und damit mittlerweile näher an den Naturwissenschaften, habe sich schon mehr Selbstkritik unterziehen müssen und habe Erfahrung in geistlicher Erziehung von Menschen – momentan Vorteile gegenüber einer säkularen Weltanschauung.[174] Diese Haltung läßt sich vielleicht daraus erklären, daß sämtliche christliche Referenten aus dem Westen kamen, wo islamisches Recht in der Regel nur als religiöses Privatrecht zur Debatte steht. Dies und eine Auswahl recht progressiver muslimischer Gesprächspartner führten zur totalen Kehrtwendung im Bereich des islamischen Rechts und damit auch des Säkularismus. Inwieweit diese Umkehr aber innerchristlich konsensfähig ist, gerade mit Blick auf die Christen in muslimischen Ländern, muß sich noch zeigen. Der auf den beiden letzten Konferenzen sich abzeichnende Weg würde für beide Seiten weitreichende Veränderungen mit sich bringen und sich sicher über einen langen Zeitraum erstrecken. Nach den ersten Schritten die Chancen einschätzen zu wollen, wäre vorschnell. Schwierig und weit über die Zuständigkeit eines christlich-muslimischen Dialogs hinausgehend, d. h. eminent politisch, aber wird es für beide Seiten werden.

Dialog in christlich-muslimischen Mischehen und über sie

Die Mischehen waren ein ganz besonders sensibles Thema des christlich-muslimischen Dialogs. Einerseits stellen sie dessen Höchstform dar, sozusagen eine abrahamitische Ökumene in der Familie, die auf die Gesellschaft ausstrahlen könnte. Andererseits sind sie mit außerordentlichen Problemen belastet: das besonders für Nichtmusliminnen diskriminierende islamische Familienrecht und unterschiedliche Auffassungen von Familienplanung und Kindererziehung, vor allem natürlich religiöser Kindererziehung. Angesichts dieser unterschiedlichen Welten – selbst wenn es versteckte Polygamie, wie Muslime sich oft verteidigen, auch bei Christen gibt – sowie der Gefahr eines Übertritts oder zumindest eines ernsthaften Umdenkens in Bezug auf die eigene Religion und die des Partners werden Mischehen eher hingenommen als begrüßt. Die Christen argumentierten oft mit 2. Kor 6,14a: »Zieht nicht am fremden Joch mit den Ungläubigen« und bedauerten Christen, die eine solche Partnerschaft eingegangen waren. Die Muslime dagegen stellten sich einmal mehr auf den Standpunkt, der Islam sei auch in diesem Punkt perfekt und an Toleranz unübertroffen (Respekt für Christus und das Evangelium, wie es der Islam sieht, ist vorgeschrieben), die anderen Religionen hätten von ihm zu lernen.[175]

Trotz der betonten Toleranz in Sachen Mischehe ist die muslimische von der christlichen Sichtweise nicht weit entfernt. Für das Idealbild einer stabilen Ehe sollten beide Partner nicht nur die gleiche Religion haben, sondern zusätzlich den gleichen kulturellen und sozialen Hintergrund. Aus diesen menschlichen Gründen geht die Tendenz dann dahin, eine Mischehe zwar zu unterstützen, wenn sie nun einmal eingegangen wurde, ansonsten aber vor ihren besonderen Schwierigkeiten zu warnen. Selbstverständlich trägt der muslimische Mann auch in einer Mischehe die Verantwortung für die Familie, mit der Folge, daß die Familie auch bei jüdischer oder christlicher Mutter als muslimisch gilt und die Kinder als Muslime erzogen werden. Nur für eine solche Familie gilt die oft beschworene islamische Toleranz. Aus dieser Grundhaltung der Verantwortlichkeit des Mannes erklärt sich auch, warum ein Muslim wohl eine Jüdin oder Christin, nicht aber eine Muslimin einen Nichtmuslim heiraten darf. Es ist leicht zu betonen, daß der Ehemann nicht unter Druck gesetzt werden darf überzutreten, wenn seine Frau Muslimin geworden ist, wenn man – wie geschehen – dabei verschweigt, daß ihm als Alternative nur die Scheidung bleibt. Wie viele Komplikationen für eine Mischehe das islamische Recht mit sich bringt, gerade für eine jüdische oder christliche Frau, die beispielsweise ihren Ehemann nicht beerben darf, wenn sie nicht zum Islam übertritt, das wurde immer nur von christlicher Seite angemahnt.[176] Daß Muslime schon einmal Christen kastrieren ließen, weil sie verbotenerweise Musliminnen geheiratet hatten, wurde auch nur von Christen erwähnt.[177]

Die Situation der Mischehen wurde bei den Dialogen spärlich und spät angesprochen. Christen wie Muslime standen dieser Problematik eher hilflos gegenüber, teilweise natürlich, weil konkrete Hilfe nur in der Situation vor Ort möglich ist. Man wollte Information und Beratung anbieten und dem Thema mehr Aufmerksamkeit widmen. Das positive Potential solcher Mischehen sollte man wohl nicht überschätzen: Alle Mischehen sind erwiesenermaßen besonders scheidungsgefährdet. Selbst in Afrika, wo Mischehen ausgesprochen häufig sind, verdanken sie zum einen ihre Existenz hauptsächlich der ursprünglichen afrikanischen Religiosität, zum anderen sind sie eher oberflächlich, was religiösen Dialog angeht.[178] Man feiert die diversen Feste gemeinsam in der Familie, aber ansonsten gibt es auch nicht weniger Konkurrenz zwischen Christentum und Islam als anderswo. Im Gegenteil, religiöse Absolutheitsansprüche und gegenseitige Vorurteile scheinen im Lauf der Jahre eher zu- als abzunehmen. Das hinderte die Dialogteilnehmer aber nicht daran, optimistisch zu sein und in den Mischehen ein großes Potential für den zukünftigen christlich-muslimischen Dialog zu sehen.

Christlich-muslimischer Dialog und Erziehung

Erziehung und Unterricht wurden gleich zu Beginn der christlich-muslimischen Dialoge mit den Themen »Frieden« und »Entwicklung« gleichgestellt. Darin zeigt sich die hohe Einschätzung dieses Bereichs, die zweifellos berechtigt ist. Wenige andere Bereiche setzen lebensgeschichtlich so früh ein und haben eine solche Breiten- und Dauerwirkung für eine Gesellschaft wie Erziehung und Unterricht. Hier werden Menschen geprägt, und hier werden ihnen Bilder von ihrer Umwelt und ihren Mitmenschen mitgegeben, die später nur noch schwer zu korrigieren sind bzw. unkorrigiert weitergegeben werden. Von daher ist es wichtig zu überprüfen, wie beispielsweise Christentum und Islam im Schulunterricht und in der theologischen Ausbildung vorkommen.[179]

Eine Unterweisung, die den Menschen in bestimmter Weise formen will, damit er ein gelungenes Leben führen kann, ist in Christentum wie Islam fest verankert. Im Neuen Testament wie im Koran wird zum Lehren aufgefordert. Umgekehrt sind ethische Werte ein sehr wichtiger Beitrag der Religionen zur Kultur; nur ein Atheist kann Religion und Erziehung für Gegensätze halten. Auch historisch ist die Verbindung von Religion und Unterricht eng. Wer von Religion nichts versteht, kann die geschichtliche Gestalt unserer Welt nicht begreifen. Die ersten mittelalterlichen Schulen in Europa wurden von der christlichen Kirche eingerichtet, die für lange Zeit Schulträger blieb. Auch in der christlichen Mission ging die Eröffnung einer Schule meist der Errichtung einer Kirche voraus. Erst in jüngster Vergangenheit hat der Staat mehr und mehr die Verantwortung für die Schulen übernommen, und den Religionen sind nur noch Sonderbereiche wie z.B. Privatschulen und Internate geblieben.[180]

Seit Beginn der Dialoge zwischen den Religionen bestand die Idee, Erziehung als verbindenden Faktor zu nutzen. Bildungsmöglichkeiten sollen geteilt und nicht mehr für die Zwecke der eigenen Religion ausgenutzt werden. Gerade die Muslime hatten aus dieser Furcht heraus westlich (»christlich«) geprägte höhere Bildung meist abgelehnt.[181] Das Unterrichtsmaterial soll bei der Darstellung fremder Religionen auf Stereotypen und unbewußte Vorurteile hin durchgesehen und neu geschrieben werden. In diesem Zusammenhang stellt sich auch immer wieder die Frage, wer den Unterricht in der fremden Religion erteilen soll: Lehrer der eigenen Religion, Vertreter der jeweils anderen Religion oder beide zusammen? Zu endgültigen Antworten kam man noch nicht, nur zu Denk- und Diskussionsbeiträgen. Die christliche Islam-Dozentin Jane I. Smith berichtete beispielsweise von ihren Erfahrungen an Universitäten und theologischen Instituten. Sie plädierte für ein christlich-muslimisches Duo, das im Dialog den Studenten beide Religionen vorstellt. Eine völlig neutrale Darstellung könne nicht vermitteln, was eine Religion ihren Anhängern bedeute, nehme das Gegenüber persönlich nicht ernst und schränke damit auch das eigene Verständnis der Sache ein. Wobei die Dozentin zugab, auch einer einfühlsamen Darstellung seien Grenzen gesetzt, schließlich komme die Meinung, völliges Verständnis führe zum Übertritt, nicht von ungefähr. Außerdem bestimme auch das Publikum einen Vortrag. Es mache schon einen Unterschied, wenn die Zuhörer überwiegend Muslime seien. Das soll aber ausdrücklich nicht heißen, daß deren Darstellung ihres persönlichen Islam unbedingt objektiver und besser ist als die eines eigens ausgebildeten christlichen Lehrers. Die generelle Tendenz bei den Muslimen war, daß oft nur ein Insider Erfahrungen und Traditionen richtig wiedergeben können. Die Muslime sollten sich aber nach Sure 5,3.69 verstärkt über Christus und das Christentum informieren.[182]

Andere Fragen waren vordringlicher und die multireligiöse Situation noch längst nicht so weit in den Bereich der Erziehung vorgedrungen, wie man zunächst angenommen hatte. Gerade in der theologischen Ausbildung ist der Einfluß des christlich geprägten Europa, das über weite Strecken fremde Religionen nur als fremde Größen außerhalb der eigenen Grenzen kannte, noch prägend.[183] Generell wurde in den Dialogen der Bereich Erziehung, Schule und Ausbildung vorwiegend in kleinerem Rahmen angegangen, um auf konkrete, oft sehr unterschiedliche Probleme und Bedürfnisse vor

Ort eingehen zu können. In ganz verschiedenen Ländern zeigte sich dabei, daß eine ausgeprägt religiöse Erziehung abschottet gegenüber einem andersgearteten Umfeld. Es fehlen Zeit und Ansprechpartner für solche Beziehungen. Ein anglikanischer Pfarrer schilderte beispielsweise die Frage der Erziehung als das größte Problem zwischen den beiden Religionen in England: Werde der Anteil der Ausländer einer bestimmten religiösen Herkunft zu hoch, würden britische Kinder eher in eine andere Schule geschickt. Muslimische Eltern dagegen schickten die Kinder zur Schulausbildung lieber zurück in die Heimat, da die westliche Kultur als verderblich angesehen werde, um so mehr, als sie für die Jugendlichen selbst sehr attraktiv sei.[184] Es zeigte sich, daß es eine wertfreie Erziehung nicht gibt und daß Erzieher und Lehrer eine ganz besondere ethische Verantwortung tragen. Es ist ein Zeichen von Fairneß und erleichtert den Umgang miteinander, wenn der Einfluß der Religionen auf die Erziehung deutlich benannt wird.

Ansonsten litten die Bemühungen um Erziehungsfragen auch darunter, daß die Religionen sich nach eigenem Bekunden zunächst über sich selbst und ihren Weg zueinander klar sein sollten, bevor sie die oben genannten praktischen Fragen angehen. Genau das Gegenteil war bisher der Fall. Speziell die Christen waren bald vorbildlich in ihrer Rücksichtnahme im Sektor der Erziehung, auch wenn die Entwicklung einer Theologie der Religionen, um derentwillen sie Rücksicht nahmen, nach wie vor in den Anfängen steckt. Schon gar nicht gelöst sind die Probleme, die sich beispielsweise daraus ergeben, daß die andere Religion in erster Linie ihre Werte und Vorstellungen weitergeben will, die denen der Christen u. U. diametral widersprechen. Christen haben sicher wenig Interesse an einem Schulsystem, dessen Ziel ein vom islamischen Recht kontrollierter Staat ist, und das von daher seine Lerninhalte, ob naturwissenschaftlich oder ethisch, am Koran ausrichtet und nur einen entsprechenden Lehrerstab und eine entsprechende Schulkleidung zuläßt. Im Gegenteil, die Christen würden sich und die Werte, die sie vertreten, bedroht sehen, spätestens dann, wenn die Lerninhalte von der Theorie in die Praxis umgesetzt werden sollen. Die hochemotionalen Diskussionen um die Einführung islamischen Rechts beweisen das zur Genüge. In einer Vorform stellt sich die Frage bei der Diskussion um ein islamisches Schulsystem. Der christlich-muslimische

Dialog wird auf Dauer um diese und vergleichbar gelagerte Fragen nicht herumkommen. Das islamische Recht spielt in den Erziehungsbereich massiv hinein. Muslime sind oft gegen jedes bürgerliche Gesetz, das ihr Recht beschneidet, ihre Kinder als Muslime zu erziehen. Das stellt gerade den Westen vor das Problem, daß die Muslime einerseits als vollwertige Mitbürger akzeptiert und integriert werden wollen, andererseits aber auch Eigenheiten und Institutionen behalten wollen, die dieser Integration mehr oder weniger zuwiderlaufen.[185]

Bisher hat man die Frauen, die im Bereich der Erziehung großen Einfluß ausüben, in den Dialogen zu wenig berücksichtigt. Kindererziehung im familiären Bereich war für die Christen nur im Rahmen der Mischehe ein Thema. Doch man drückte sich um einen Rat für solche Paare und verwies sie an ihr Gewissen und ihren Willen, was, so ein selbstkritisches Urteil, häufig im Verzicht auf Kinder ende. Für die Muslime ist der familiäre Bereich hochaktuell, bedingt eben durch die Einbrüche der Moderne in eine von religiösen Gesetzen streng geregelt Welt.[186] Viele grundsätzliche wie konkrete Probleme im Umfeld der Erziehung sind noch zu lösen.

Ökumenischer Rat, römisch-katholische Kirche und Islam

Das grundsätzliche Anliegen des Dialogs mit Menschen anderer Religionen teilt die römisch-katholische Kirche mit dem Ökumenischen Rat der Kirchen, dem sie ja nicht regulär angehört. Die Situation war äußerlich gleich, die Organisationsstrukturen auf beiden Seiten waren allerdings sehr unterschiedlich: Während der ÖRK größte Schwierigkeiten hatte, die multireligiöse Situation und den sich daraus entwickelnden Dialog theologisch einzubinden, war das für die römisch-katholische Kirche ein wesentlich geringeres Problem. Die römisch-katholische Kirche hat dank ihrer hierarchischen Struktur die Möglichkeit zu verbindlichen Äußerungen (selbst wenn diese dann nicht sofort und von allen Mitgliedern so vertreten und umgesetzt werden), während der Ökumenische Rat der Kirchen um Konsensdokumente kämpfen muß, von denen sich jede Mitgliedskirche oder auch jeder einzelne Christ in einer dieser Kirchen distanzieren kann. Durch diese strukturellen Unterschiede lassen sich vielleicht auch die gegensätzlichen Vorgehensweisen bei der Organisation des interreligiösen Dialogs erklären. Auf seiten des Ökumenischen Rates gingen die eigentlichen Initiativen von betroffenen Mitgliedskirchen aus, und die Praxis war der theologischen Begründung und Abklärung des Dialogs voraus und ist es geblieben. Der Druck der zusammenwachsenden Welt der Religionen spielte wohl auch auf katholischer Seite eine Rolle, doch wurde dies sofort von leitender Stelle aufgegriffen und theologisch eingebunden. Dies wurde u.a. erleichtert durch die Tradition der natürlichen Theologie, während die protestantischen Kirchen im Ökumenischen Rat aus ihrer Tradition stärker den Bruch zwischen Natur und Offenbarung, Natur und Gnade betonen. Von daher sind andere Religionen und damit der interreligiöse Dialog schwerer positiv theologisch einzuordnen. Auch durch den Gedanken, Dialog und Verkündigung (Mission) quasi in einem Stufenmodell zu sehen, wurde die Integration des interreligiösen Dialogs erleichtert, weil es der katholischen Tradition entsprach. Dieselbe Frage warf für den Ökumenischen Rat wesentlich mehr und grundsätzlichere Probleme auf und blieb allen Beteuerungen zum Trotz ungeklärt.

Potentiellen Gesprächspartnern, allen voran den Muslimen, ist daher selbst bei weniger Dialogerfahrung die römisch-katholische Kirche der verläßlichere und besser einschätzbare Dialogpartner.[187] Für den Islam mußte man allerdings feststellen, daß dessen Repräsentanten zwar an Treffen und Kontakten interessiert waren, theologischen Fragen dabei aber aus dem Weg gehen wollten. Das Vatikanische Sekretariat für die Nichtchristen akzeptierte das in der Hoffnung, daß gastliche Aufnahme und Zusammenarbeit den Boden bereiten werde für eine religiöse Konsultation zu Fragen der Lehre.[188]

Dieses Sekretariat für die Nichtchristen wurde am 19. Mai 1964 gegründet, also während des Zweiten Vatikanischen Konzils, aber vor der Erklärung des Konzils über das Verhältnis zu den nichtchristlichen Religionen. Die Gründung geschah auf Anordnung von Papst Paul VI. hin und paßte in die revolutionären Entwicklungen dieses Konzils.[189] Die älteste Unterabteilung des Sekretariats, auch mit eigenen Richtlinien ausgestattet, ist die Abteilung für Dialog mit dem Islam. Er wird als die Hauptaufgabe der Kirche gesehen, in Anerkenntnis der engen Verbindungen in Theologie und Anthropologie.[190]

Das Zweite Vatikanische Konzil verkündete in der Sitzung vom 28. Oktober 1965 die Erklärung über das Verhältnis der Kirche zu den nichtchristlichen Religionen. Von den Religionen, so die Erklärung, würden die Menschen die Antworten auf die letzten, ungelösten Fragen ihrer Existenz erwarten. In den Religionen gebe es Wahrnehmungen der verborgenen göttlichen Macht in verschiedenen Ausprägungen – wobei Christus im Heiligen Geist klar die Quelle allen Heils bleibt. Ein Folgedokument formuliert das so:

> *Konkret heißt das, die Anhänger anderer Religionen antworten immer dann positiv auf Gottes Einladung und empfangen sein Heil in Jesus Christus, wenn sie in ehrlicher Weise das in ihren religiösen Traditionen enthaltene Gute in die Tat umsetzen und dem Spruch des Gewissens folgen. Dies gilt sogar für den Fall, daß sie Jesus Christus nicht als ihren Erlöser erkennen oder anerkennen (...).*[191]

Letztendlich wissen wir, daß die Wahrheit nicht einer Sache gleicht, die wir besitzen, sondern eine Person ist, der wir zugestehen müssen, von uns Besitz zu ergreifen. Dies ist ein nicht endender Prozeß.[192]

Dabei teilte die Erklärung die Religionen ein in:

1. Stammesreligionen, Hinduismus und Buddhismus,
2. Islam und
3. Judentum.

In dieser Reihenfolge steigt, das machen die einzelnen Ausführungen deutlich, die Übereinstimmung mit der christlichen Offenbarung und die Nähe zum Christentum. Auch die Ziele einer Begegnung wurden unterschiedlich formuliert: Bei den Juden beispielsweise sind es Kenntnis und Achtung, bei den Muslimen Verständnis und Einsatz für gemeinsame Werte.[193] Summa summarum fehlen aber auch im Zweiten Vaticanum konkrete Äußerungen über Religionen als Heilswege – man war davor offensichtlich genauso zurückgeschreckt wie der ÖRK. Wobei Konkretion eine schwer zu fassende Größe sein kann, wie die folgende, geradezu genial formulierte päpstliche Aussage zum Thema Vergangenheit und Bruch damit zeigt (was ja bei den Muslimen immer ein sehr wichtiges und heikles Thema ist): »In der aktuellen Weltlage heißt Dialog verzeihen lernen, da alle Religionsgemeinschaften möglicherweise Ungerechtigkeiten anklagen können, die sie im Laufe der Jahrhunderte erlitten haben.«[194]

Der Weg des Sekretariats für die Nichtchristen führte nicht sofort nach außen. Man widmete sich zunächst der weiteren Grundlagenklärung und damit der Festigung der eigenen Stellung innerhalb der katholischen Kirche. Das war, verglichen mit der ÖRK-Unterabteilung für Dialog, wiederum genau der umgekehrte Weg.[195] Aber von allem Anfang an waren Katholiken in die Dialogaktivitäten des ÖRK einbezogen. Das ist nicht weiter verwunderlich, gehörten sie doch seit 1968 auch der *Commission on Faith and Order* an, die in diesem Jahr den ersten christlich-muslimischen Dialog veranstaltete. Es entwickelte sich im Laufe der Jahre zwischen den zuständigen Gremien auf beiden Seiten eine rege Zusammenarbeit. Man tauschte Informationen aus und lud selbstverständlich Vertreter der jeweils anderen Seite als Gäste zu offiziellen Dialogen und internen

Planungstreffen ein. Es bildete sich sogar eine gemeinsame Arbeitsgruppe. Der Ökumenische Rat empfahl bei verschiedenen Gelegenheiten diese Zusammenarbeit bzw. deren Ausbau. Es wurde üblich, Dialogdokumente nicht nur an die ÖRK-Mitgliedskirchen, sondern auch an das Vatikanische Sekretariat für die Nichtchristen zur Stellungnahme zu senden. In einer solchen Stellungnahme heißt es, der Dialog mit dem Islam sei einerseits ein Spezialistendialog, andererseits ein Trialog zwischen Muslimen, katholischen Christen und nichtkatholischen Christen. (Dieser Unterschied wird ja auch von muslimischer Seite gemacht.) Das ÖRK-Dokument täusche mit schönen Geschichten darüber hinweg, daß die Geschichte der Begegnungen zwischen Islam und Christentum negativ ist.[196] Dennoch gilt die Aufmerksamkeit des Sekretariats auch weiterhin dem Dialog und sonstigen Bemühungen im Bereich der islamischen Welt.[197]

Doch trotz theologischer Annäherung an das katholische Offenbarungsverständnis (s. oben angeführtes Stufenmodell) und trotz zahlreicher gegenseitiger Besuche und Beteiligung an der Dialogvorbereitung blieben große Unterschiede und damit auch Ängste. Letztere wurden deutlich artikuliert beim Amtsantritt von Papst Johannes Paul II. Dieser schien zunächst wenig Unterschiede zwischen dem Dialog mit Angehörigen anderer Konfessionen und dem mit Angehörigen anderer Religionen zu machen, betonte aber in späteren Jahren wiederholt, der interreligiöse Dialog sei ein Weg zur Einheit der *christlichen* Konfessionen. Rein faktisch war das zutreffend: Die Zusammenarbeit wurde ab 1981 weiter intensiviert durch jährliche Planungs- und Koordinationstreffen. Man tauschte sich über Pläne, Schwerpunkte und Schwierigkeiten aus und widmete sich zunächst drei Bereichen, in denen größere Unterschiede bestanden: Islam, Verhältnis von Mission und Dialog sowie Theologie der Religionen, also theologische Aussagen über die Stellung der verschiedenen Religionen.[198] Insgesamt war man beim interreligiösen Dialog jedenfalls weiter als in jedem anderen Gebiet der innerchristlichen Ökumene. Das zeigte sich beispielhaft an der intensiven Beteiligung der Katholiken an der ÖRK-Studie zur Theologie der Religionen und an deren Ergebnissen. Später ging man noch einen Schritt weiter und beschloß die Zusammenarbeit bei Projekten, die die Ebene der Gemeinden betreffen. 1998 wurde eines dieser Projekte, nämlich das zum interreligiösen Gebet, mit einer gemeinsamen Veröffentlichung vorläufig abgeschlossen.

Die Zusammenarbeit zwischen dem Ökumenischen Rat der Kirchen und der römisch-katholischen Kirche im Bereich des interreligiösen Dialogs funktionierte besser als zwischen allen anderen Gremien dieser beiden Institutionen. Das hatte eine Reihe von Gründen: Man konzentrierte sich hier stärker auf praktische Fragen und Notwendigkeiten. Unterschiedliche Auffassungen waren wohl vorhanden, doch sie betrafen vor allem die Theologie der Religionen. Und die stuften beide mehr oder weniger offen als unlösbare Frage ein. Inbesondere aber bildeten die sichtbar oder unsichtbar anwesenden Angehörigen anderer Religionen dadurch ein einigendes Band, daß man sich als christliche Kirche von ihnen gemeinsam abhob.

Anmerkungen

1 Jehan Sadat: Ich bin eine Frau aus Ägypten, 10. Aufl., München 1992, S.33.

2 Ebd., S.50.

3 S. Hermann Stieglecker: Die Glaubenslehren des Islam, 2. Aufl., Paderborn 1983, S.151.569f.

4 Adel Theodor Khoury: So sprach der Prophet. Worte aus der islamischen Überlieferung, Gütersloh 1988, S.50. Da Worte und Handeln des Propheten Mohammed als normativ gelten, wurden sie auf verbindliche religöse und rechtliche Folgen hin ausgewertet.

5 Nach World Council of Churches/Office on Inter-Religious Relations: Issues in Christian-Muslim Relations. Ecumenical Considerations, Genf o.J., S.6.

6 S. Stieglecker, Anm.3, S.44

7 Die Koranzitate sind, sofern nicht anders angegeben, immer aus: Der Koran, Übersetzung von Adel Theodor Khoury, Unter Mitwirkung von Muhammad Salim Abdullah, 2. Aufl., Gütersloh 1992. Khourys Übersetzung berücksichtigt in Zweifelsfällen die allgemeine muslimische Interpretation und ist deshalb – mit der Einschränkung, daß der Koran für den liturgischen Gebrauch und die juristische Argumentation nicht übersetzt werden kann – die von den Muslimen anerkannte deutsche Koranübersetzung. Der Koran, Übersetzung von Rudi Paret, 5. Aufl., Stuttgart/Berlin/Köln 1989 kennzeichnet dagegen nur die schwierige Stelle und nennt ggf. verschiedene Deutungsmöglichkeiten.

8 S. W. Montgomery Watt/Alford T. Welch: Der Islam. I Mohammed und die Frühzeit – Islamisches Recht – Religiöses Leben, Stuttgart/Berlin/Köln/Mainz 1980, S.214f.

9 Gerhard Endreß: Einführung in die islamische Geschichte, München 1982, S.66.

10 S. Rudi Paret: Textbelege zum islamischen Bilderverbot, in: ders., Schriften zum Islam, hg. von Josef van Ess, Stuttgart/Berlin/Köln/Mainz 1981, S.213–225.

11 S. Stieglecker, Anm.3, S.23–96.

12 S. ebd., S.701–715.

13 S. ebd., S.716–729.

14 S. ebd., S. 153.189ff.

15 Nach Sayyid Abul Aʿla Mawdudi: The Islamic Way of Life, hg. von Khurshid Ahmad/Khurram Murad, Leicester 1992, S. 11.

16 Nach World Council of Churches/Office on Inter-Religious Relations, Anm. 5, S. 7.

17 Stieglecker, Anm. 3, S. 371–408; zur Entstehung des Koran vgl. Rudi Paret: Mohammed und der Koran. Geschichte und Verkündigung des arabischen Propheten, 3. Aufl., Stuttgart/Berlin/Köln/Mainz 1981, S. 32ff; Adel-Theodor Khoury: Einführung in die Grundlagen des Islams, 2. Aufl., Graz/Wien/Köln 1981, S. 114ff; Tor Andrae: Mohammed. Sein Leben und sein Glaube, Hildesheim/New York 1977, S. 77ff. Die Herkunft des Korans von Mohammed kann als gesichert gelten, egal, wie man zur Göttlichkeit des Korans stehen mag.

18 S. W. Montgomery Watt/Michael Marmura: Der Islam. II Politische Entwicklungen und theologische Konzepte, Stuttgart/Berlin/Köln/Mainz 1985, S. 248–250.

19 Nach Seyyed Hossein Nasr: Response to Hans Küng's Paper on Christian-Muslim Dialogue, The Muslim World 77 (1987), S. 99.

20 S. Stieglecker, Anm. 3, S. 730–808. Die letzten Dinge waren anfänglich sogar wichtiger als der Monotheismus, vgl. Paret, Anm. 17, S. 39.

21 S. Stieglecker, Anm. 3, S. 97–124. Endreß, Anm. 9, S. 66 bezeichnet es sogar als eine der drei Grundhaltungen des orthodoxen Islam. Eine ausführliche Auseinandersetzung mit der Problematik bietet Ulrich Schoen: Determination und Freiheit im arabischen Denken heute. Eine christliche Reflexion im Gespräch mit Naturwissenschaften und Islam, Göttingen 1976.

22 Al-Didjwī, zitiert nach Adel-Theodor Khoury: Einführung in die Grundlagen des Islams, Anm. 17, S. 152. Vgl. ebd., S. 150 und Adel-Theodor Khoury: Begegnung mit dem Islam. Eine Einführung, Freiburg im Breisgau 1980, S. 57.

23 S. Mawdudi, Anm. 15, S. 22–26.

24 Nach ebd., S. 24f.

25 Nach ebd., S. 9.

26 Nach Mona Abul-Fadl: Introducing Islam from within. Alternative Perspectives, Leicester/Nairobi/Kano 1991, S. 107.

27 Nach Kenneth Cragg: The Call of the Minaret, New York 1956, S. 141.

28 S. Watt/Welch, Anm. 8, S. 262–347.

29 S. Abul-Fadl, Anm. 26, S. 23.

30 Zitiert nach Philip K. Hitti: Islam. A Way of Life, Chicago 1970, S. 33.

31 S. Watt/Welch, Anm. 8, S. 279.316.332.

32 S. Cragg, Anm. 27, S. 106f.

33 S. Sadat, Anm. 1, S. 53.

34 Entstehung s. Watt/Welch, Anm. 8, S. 264–271; zum Ablauf ebd., S. 282–284; Texte ebd. S. 279. Zur Übersetzung des Elativs s. Carl Brockel-

mann: Arabische Grammatik. Paradigmen, Übungsstücke, Glossar, 23. Aufl., Leipzig 1987, S. 69.

35 Khoury, Anm. 4, S. 136.

36 Nach Abul-Fadl, Anm. 26, S. 27.

37 S. Watt/Welch, Anm. 8, S. 299–306.

38 Ebd., S. 299 f.

39 S. Sadat, Anm. 1, S. 39–42; für Einzelheiten s. Watt/Welch, Anm. 8, S. 306–322.

40 S. Abul-Fadl, Anm. 26, S. 31–34.

41 Khoury, Anm. 4, S. 196.

42 S. Watt/Welch, Anm. 8, S. 308–310.327–347.

43 S. Annemarie Schimmel: Sufismus und Volksfrömmigkeit, in: Munir D. Ahmed u. a. (Hg.): Der Islam. III Islamische Kultur – Zeitgenössische Strömungen – Volksfrömmigkeit, Stuttgart/Berlin/Köln 1990, S. 162 und für die kleine Wallfahrt Sadat, Anm. 1, S. 254–260.

44 Nach Abul-Fadl, Anm. 26, S. 39.

45 S. Adel-Theodor Khoury: Gebete des Islams, Mainz 1981, S. 59f; Schimmel, Anm. 43, S. 157–160.194f und Endreß, Anm. 9, S. 66.

46 S. Endreß, Anm. 9, S. 50 f. 55.

47 Vgl. Khoury, Anm. 45, S. 69–76; Schimmel, Anm. 43, S. 162.171.184 und Peter Antes: Der Mensch vor Gott im Islam, in: Michael Fitzgerald u. a. (Hg.): Mensch, Welt, Staat im Islam, Graz/Wien/Köln 1977, S. 15–18.

48 S. Schimmel, Anm. 43, S. 175–180.192–201.239–242 und Endreß, Anm. 9, S. 69.72.87.118.

49 S. Khoury, Anm. 45, S. 73.77–80; Schimmel, Anm. 43, S. 162–164.180 und Antes, Anm. 47, S. 15–18.

50 Zitiert nach Schimmel, Anm. 43, S. 204.

51 Möglicherweise ein Ausspruch Mohammeds, hier zitiert nach Bernard Lewis: Politik und Kriege, in: Joseph Schacht/C.E. Bosworth (Hg.): Das Vermächtnis des Islams, Bd. 1, München 1983, S. 211.

52 S. Adel-Theodor Khoury: Was sagt der Koran zum Heiligen Krieg?, Gütersloh 1991, S. 33–48. Manchmal haben allerdings auch nichtmuslimische Mächte die Ausbreitung des Islam gefördert, vgl. C.N. Ubah: Colonial Administration and the Spread of Islam in Northern Nigeria, The Muslim World 81 (1991), S. 133–148.

53 Nach Mawdudi, Anm. 15, S. 38.

54 Nach Mahmoud M. Ayoub: Roots of Muslim-Christian Conflict, The Muslim World 79 (1989), S. 33.

55 Nach Mawdudi, Anm. 15, S. 29.

56 Nach Abul-Fadl, Anm. 26, S. 68.

57 S. Konrad Dilger: Das islamische Strafrecht in der modernen Welt, in: Bayerische Landeszentrale für politische Bildungsarbeit (Hg.): Weltmacht Islam, München 1988, S. 117, (auch als ›Die Entwicklung des islamischen

Rechts‹, in: Munir D. Ahmed, Anm. 43, S. 61) und Watt/Welch, Anm. 8, S. 233. 255. 258f. Parallelen zur Rechtsauffassung des orthodoxen Judentums sind unverkennbar.

58 S. Khoury, Anm. 4, S. 20–23 und Watt/Welch; Anm. 8, S. 234–240.

59 Zu den Rechtsschulen s. Khoury, Anm. 4, S. 20–23; Dilger, in: Ahmed, Anm. 43, S. 60–65; Endreß, Anm. 9, S. 75–77.83–85.115 und Watt/Welch, Anm. 8, S. 241–250. 256f.

60 S. Watt/Welch, Anm. 8, S. 255–259; Dilger, Anm. 57, 124–126; Heinz Gstrein, Die Sozial- und Wirtschaftsordnung des Islam, in: Bayerische Landeszentrale für politische Bildungsarbeit (Hg.), Anm. 57, S. 291–293 und Abdoljavad Falaturi: Die Šarīʿa – das islamische Rechtssystem, in: Bayerische Landeszentrale für politische Bildungsarbeit (Hg.), Anm. 57, S. 101–113.

61 S. Watt/Welch, Anm. 8, S. 258–261; zu Einzelheiten s. Dilger, Anm. 57, S. 115–117. Anschauliche Alltagsbeispiele aus verschiedenen muslimischen Ländern finden sich bei Naipaul, Anm. 52, z. B. S. 233–250.

62 Dilger, Anm. 57, S. 117.

63 Falaturi, Anm. 60, S. 113.

64 Nach World Council of Churches/Office on Inter-Religious Relations, Anm. 5, S. 6.

65 S. Piet Zoetmulder: Die Hochreligionen Indonesiens, in: Waldemar Stöhr/ders. (Hg.): Die Religionen Indonesiens, Stuttgart/Berlin/Köln/Mainz 1965, S. 280–294 und Judo Poerwowidagdo: Indonesien – Zusammenleben in einer überwiegend muslimischen Bevölkerung, Conc (D) 30 (1994), S. 203–206 sowie Naipaul, Anm. 52, S. 429–553.

66 Naipaul, Anm. 52, S. 536/537.

67 S. Joseph Schacht: Zur soziologischen Betrachtung des islamischen Rechts, Der Islam 22 (1935), S. 219f.234; Gstrein, S. 287f.292; Volker Nienhaus: Wirtschaftstheorie und Ordnungspolitik in islamischer Sicht, in: Bayerische Landeszentrale für politische Bildungsarbeit (Hg.), Anm. 57, S. 299–306 und Dilger, Die Entwicklung des islamischen Rechts, Anm. 57, S. 76–82.

68 S. Schacht, Anm. 67, S. 208f.211.219 und Dilger, ebd., S. 88–92.

69 S. Dilger, ebd., S. 92–99.

70 Dilger, Das islamische Strafrecht in der modernen Welt, Anm. 57, S. 129.

71 S. Erdmute Heller: Die Frau im Islam, in: Bayerische Landeszentrale für politische Bildungsarbeit (Hg.), Anm. 57, S. 350–358; die Querverbindungen zur Praxis zeigt Naipaul, Anm. 52, S. 359–367 u. ö. besonders schön auf. Eine kurze Gesamtdarstellung bietet Wiebke Walther: Die Frau im Islam, in: Ahmed, Anm. 43, S. 388–414.

72 S. Heller, Anm. 72, S. 357f und Lutherisches Kirchenamt der Vereinigten Evangelisch-Lutherischen Kirche Deutschlands/Kirchenamt der Evangelischen Kirche in Deutschland (Hg.): Was jeder vom Islam wissen muß, Gütersloh 1991, S. 169f.

73 Sadat, Anm. 1, S. 321/322.

74 S. Theodor Hanf: Die christlichen Gemeinschaften im gesellschaftlichen Wandel des arabischen Vorderen Orients, Orient 22 (1981), S. 31–33; Khoury, Was sagt der Koran zum Heiligen Krieg?, Anm. 52, S. 50–82.

75 Hanf, Anm. 74, S. 33.

76 Zu Birmingham-Selly Oak 1968 s. John B. Taylor: Selly Oak Colleges. Discussions on Christian-Muslim Dialogue, DFI-Box VI, S. 1.

77 Hasan Askari, in: Christian-Muslim Dialogue. Afternoon 17th March, DFI-Box III, S. 15.

78 Einen guten Überblick über Bemühungen und Ergebnisse der Dialoge gibt Stuart E. Brown (Hg.): Meeting in Faith. Twenty Years of Christian-Muslim Conversations, Sponsored by the World Council of Churches, Geneva 1989.

79 S. World Council of Churches/Dialogue with People of Living Faiths (Hg.): The Challenge of Dialogue. Papers from the Meeting of the Dialogue Working Group, Casablanca/Morocco, June 1989, Genf o. J., S. 65–67 (Tarek Mitri: Christian-Muslim Relations: Apprehensions and Possible Convergences) und S. 68 (Melia Khodr: Some Thoughts from the Lebanon).

80 So Jean-Claude Basset: Believers Living together, in: World Council of Churches/Dialogue with People of Living Faiths (Hg.): Religion and Society. Report of the Christian-Muslim Colloquium Held at Kolymbari, Crete, 27 September – 1 October 1987, o. O. o. J., S. 69 und Olaf Schumann: Hindernisse im Dialog zwischen Christen und Muslimen, ZMiss 6 (1980), S. 167.

81 S. World Council of Churches/Office on Inter-Religious Relations, Anm. 5, S. 1f (Preface).

82 Zusammengestellt nach John B. Taylor: The Concept of Man in the Revealed Religions (Visit of Saudi Arabian Ulama to World Council of Churches, Geneva, Thursday, 31 October 1974), DFI-Box 44, S. 1–8.

83 Lukas Vischer, Christen und Muslimen (sic!) im Gespräch, EK 2 (1969), S. 273.

84 Es waren dies vor allem Hasan Askari, ein schiitischer Moslem, und Kenneth Cragg, anglikanischer Bischof und ausgesprochener Islamkenner.

85 G. Khodr: La Parole de Dieu et l'Écriture Sainte, DFI-Box VI, S. 5.

86 So z. B. [Isma'il Ragi A.] al-Faruqi, in: The Islamic Foundation/Quran House (Hg.): Christian Mission and Islamic Da'wah. Proceedings of the Chambésy Dialogue Consultation, Leicester/Nairobi/Kano 1982, S. 27.

87 Kenneth Cragg: Bible Studies: God and Man, in: World Council of Churches/Dialogue with People of Living Faiths and Ideologies (Hg.): Christian Presence and Witness in Relation to Muslim Neighbours. A Conference. Mombasa, Kenya, 1979, 2. Aufl., Genf 1982, S. 6.12–14: Man könne Götzendienst nicht für wirklich halten, wie es der Islam ja tue, ohne gleichzeitig an Gottes Sehnsucht, an sein Leiden durch solchen Götzendienst zu glauben. Von daher sei die Christologie und damit das Christentum die Logik jedes

Monotheismus. An Christus werde die Verbundenheit Gottes mit dem Menschen auch in der Sünde des Götzendienstes sichtbar. In Worten ausgedrückt und damit zu den Menschen gebracht, die es angehe, werde dieses Geschehen durch den Heiligen Geist. – Juliette Haddad: Believers and the Promotion of Mutual Trust, in: World Council of Churches / Dialogue with People of Living Faiths, Anm. 80, S. 45–47 zitierte Johannes Paul II. (Casablanca 1985), der von sohnartiger Gemeinschaft sprach, und fügte selbst hinzu, die neue Stellung der muslimischen Frau in der veränderten Welt würde vielleicht letztlich auch eine neues, geistigeres Verhältnis von Elternschaft hervorbingen, das mit Vaterschaft Gottes nicht nur verbinde, daß Gott ja dann eine Frau haben müßte.

88 Is-Haq[O.] Oloyede: Grußwort im Namen der Gäste aus anderen Weltreligionen, in: Konrad Raiser/Matthias Sens (Hg.): Canberra 1991. Ansprachen, Vorträge, Bibelstudien, Plenardarbietungen, Predigten, Botschaften, Initiativen von der 7. Vollversammlung des Ökumenischen Rates der Kirchen, ÖR.B 63, Frankfurt/Main 1991, S. 87.

89 So Submission to WCC Executive Committee, Liebfrauenberg, February, 1980. »Christian Presence and Witness in Relation to Muslim Neighbours«, S. 2.

90 So z. B. al-Faruqi, Anm. 86, S. 33–38.40 f.

91 S.a. S[mail] Balić: Art. »Schöpfung 3. Islamisch«, in: Adel Th[eodor] Khoury (Hg.): Lexikon religiöser Grundbegriffe. Judentum, Christentum, Islam, Graz/Wien/Köln 1987, Sp. 963–964.

92 Vischer, Anm. 83, S. 274.

93 Thomas Michel: Report of Colombo Consultation on »Christians and Muslims Living and Working together: the Ethics and Practices of Humanitarian and Development Programs«, BSNC 51 (1982), S. 208.

94 So z. B. Ethics and Practices of Humanitarian and Development Programmes, in: Brown, Anm. 78, S. 119 f.

95 S. Schumann, Anm. 80, S. 169 f. 172 Anm. 5.

96 Jacob K. Olupona: Religions and the State: a Christian Point of View, in: World Council of Churches/Dialogue with People of Living Faiths (Hg.): Religion and Life. Report of a Christian-Muslim Colloquium Held at Usa River, Tanzania, 12–17 June 1989, o. O. o. J., S. 24.

97 S. Stanley J. Samartha: Memorandum (an J. Hilke, August 18, 1975); S[tanley] J. Samartha: Draft: Guests of the Assembly – Nairobi 1975 (27/8 [1975]), S. 1 und For Press: Guests of Other Faiths at the V Assembly, Nairobi 1975, alles DFI-Box 25.

98 World Council of Churches/Office on Inter-Religious Relations, Anm. 5, S. 3–8.

99 Oloyede, Anm. 88, S. 88.

100 Kenneth Cragg: Dialogue and Devotion, in: S[tanley] J. Samartha

(Hg.): Dialogue between Men of Living Faiths. Papers Presented at a Consultation Held at Ajaltoun, Lebanon, March 1970, 2. Aufl., Genf 1973, S. 99.

101 Nach ebd., S. 100 f.

102 Seeking Community: The Common Search of People of Various Faiths, Cultures and Ideologies, in: World Council of Churches (Hg.): Christians Meeting Muslims. WCC Papers on 10 Years of Christian-Muslim Dialogue, Genf 1977, S. 50; s. a. Samuel Rayan: »The Ultimate Blasphemy«: on Putting God in a Box, zitiert nach Stanley J. Samartha: Courage for Dialogue: An Interpretation of the Nairobi Debate, in: ders. (Hg.): Courage for Dialogue. Ecumenical Issues in Inter-Religious Relationships, Genf 1981, S. 58; Summary of a Report Adopted by the Church of Norway Council of Foreign Relations, DFI-Box 25, S. 2.

103 S. Georges Khodr: Christianity in a Pluralistic World – the Economy of the Holy Spirit, ER 23 (1971), S. 126–128.

104 S. Michael L. Fitzgerald/Hans Ucko: Editorial, Interreligious Prayer, Pro Dialogo 98 (1998)/Current Dialogue (1998), S. 151.

105 S. Mary O. Driscoll (sic!): The World of Spiritual Discoveries, in: Tosh Arai/ [S.] Wesley Ariarajah (Hg.): Spirituality in Interfaith Dialogue, Genf 1989, S. 64 f.

106 S. Khalil Zomkhol: Oneness at the Centre, in: Tosh Arai/ [S.] Wesley Ariarajah, Anm. 105, S. 88–91.

107 S. WCC Executive Committee Arnoldshain August 31 – September 4, 1970 Document No. 1 (Revised), Fassung WCC Executive Committee, DFI-Box V, §§ 1.22bI, S. 1.6.

108 S. WCC Fifth Assembly 1975, Section III: Seeking Community – The Common Search of People of Various Faiths, Cultures and Ideologies. Annotated Agenda. Draft (2.1.75), DFI-Box 16, S. 1–4.

109 S. Thomas Michel: A Personal Reflection on the Colombo Consultation, BSNC 51 (1982), S. 214–218 und ders., Anm. 93, S. 206.

110 S. Report of WCC Delegation to Christian-Muslim Dialogue, in: Brown, Anm. 78, S. 123–127.

111 John F. Butler: Why not Mosque-Churches?, DFI-Box X, S. 4.

112 S. David Chellappa: Religion and Economics on the Eve of the 21st Century, in: World Council of Churches/Dialogue with People of Living Faiths (Hg.): Advancing together into the Next Century. Our Common Responsibility in Preparing Our Peoples for the Industrial Age, o. O. o. J., S. 33–37; Mushirul Haq: Religion and Economics: a Muslim Point of View, in: World Council of Churches/Dialogue with People of Living Faiths, Anm. 112, S. 38–40; General Summary, in: World Council of Churches/Dialogue with People of Living Faiths, Anm. 112, S. 52–55; Michael Cooke: Religion and the Economy: One Christian Perspective, in: World Council of Churches/Dialogue with People of Living Faiths (Hg.): The Challenge of Plu-

ralism. Report of the Christian-Muslim Colloquium Held at New Windsor, Maryland, USA, 17–21 March 1988, o.O. o.J., S.25–36.

113 S. Diana L. Eck: Dialogue: a Vital Concern within the Ecumenical Movement, in: World Council of Churches/Dialogue with People of Living Faiths, Anm.79, S.21f.

114 S. World Council of Churches/Office on Inter-Religious Relations, Anm.5, S.14.

115 S. Haddad, Anm.87, S.40–42.

116 S. Christopher Lamb: The Place of Religious Pluralism in today's Social and Political Structures: a Christian View from Britain, in: World Council of Churches/Dialogue with People of Living Faiths, Anm.80, S.7–11.

117 Zur afrikanischen Einstellung s. besonders M. Saliou Kandjy: La Place de la religion dans les programmes scolaires, in: Conseil Oecuménique des Églises/Dialogue avec les Religions de Notre Temps (Hg.): Religion et responsabilité. Rapport du colloque islamo-chrétien tenu à Porto Novo, RP du Bénin, 3–7 mars 1986, o.O. o.J., S.26–28.31–42.

118 S. Asghar Ali Engineer: State and Religion – a Muslim Point of View, in: World Council of Churches/Dialogue with People of Living Faiths: Advancing together into the Next Century, Anm.112, S.21f.

119 S. T[ahi] B[onar] Simatupang: Problems of Dialogue in Indonesia, in: World Council of Churches/Dialogue with People of Living Faiths, Anm.118, S.9–12.

120 Für die christliche Position s. beispielsweise [Arne] Rudvin, IRM 65 (1976), S.451; für die muslimische Position s. Syed Z. Abedin: The Role of Believers in Promoting Mutual Trust and Community, in: World Council of Churches/Dialogue with People of Living Faiths, Anm.80, S.58.

121 S. Dominique Sarr: Religion et l'état, in: Conseil Oecuménique des Églises/Dialogue avec les Religions de Notre Temps, Anm.117, S.12–17.

122 Zu den Anliegen der betroffenen Christen s. beispielsweise Schumann, Anm.80, S.165–171.

123 Zur Ausgangssituation auf muslimischer Seite s. Abdoul Karim Cissé: Religion et l'état, in: Conseil Oecuménique des Églises/Dialogue avec les Religions de Notre Temps, Anm.117, S.7–11 und auch Engineer, Anm.118, S.17–22; zu den neueren Konzepten s. Ahmad Ibrahim: Legal and Theological Basis for Muslims for their Relationships with Christians, DFI-Box 44, S.2–4.

124 [Khurshid] Ahmad, in: IRM 65 (1976), S.448.

125 S. Is-haq O. Oloyede: Religion and the State: An Islamic Point of View, in: World Council of Churches/Dialogue with People of Living Faiths, Anm.96, S.15–22.

126 S. World Council of Churches/Office on Inter-Religious Relations, Anm.5, S.10–12.

127 S. Ahmad von Denffer nach Thomas Michel, Anm.93, S.207f.

128 S. John B. Taylor, in: G. Rein: Die Zukunft des christlich-muslimischen Dialogs und die christliche Mission, ZMiss 6 (1980), S. 174f.

129 S. S.M. Darsh: Plurality and Community, in: World Council of Churches/Dialogue with People of Living Faiths, Anm. 80, S. 17–24.

130 S. T[ahi] B[onar] Simatupang: The Churches' Presence and Witness in the Varied Contexts of the Current »Revival« of Islam, in: World Council of Churches/Dialogue with People of Living Faiths and Ideologies, Anm. 87, S. 30.34f.37.

131 S. Constantin Patelos: Trust and Community: Francophone Group, in: Brown, Anm. 78, S. 167.

132 S. [Isma'il Ragi A.] al-Faruqi, in: IRM 65 (1976), S. 446.

133 S. Olupona, Anm. 96, S. 24–26.

134 S. World Council of Churches/Office on Inter-Religious Relations, Anm. 5, S. 10.

135 S. [Hassan] Saab, in: Tuesdaymorning, 24th March, DFI-Box III, S. 45.47.50f.

136 Als schönes Beispiel für die muslimische Haltung s. Hassan Saab: The Possibilities and Promises in the Christian-Muslim Dialogue, DFI-Box VI, S. 6; zu den psychologischen Hintergründen s. Lamin O. Sanneh: Brummana, Lebanon, July 12–18, 1972. The Consultation and Its Aftermath: A Personal View, DFI-Box X, S. 5f; zu den Vorgängen um Veröffentlichungen vgl. den Appendix zu John B. Taylor: Religion in a Technological Age, DFI-Box VI mit der offiziellen Version ›Christian-Muslim Conversations‹, in: Brown, Anm. 78, S. 3–5 (deutsch: ›Gespräche zwischen Christen und Muslims‹, EMZ 27 (1970), S. 52–54) und mit ›Christian-Muslim Meetings in Geneva: Summary of the Results, Bulletin of Christian Institutes of Islamic Studies Hyderabad. 3,3/4 (1970), S. 54–59 (Appendix: S. 58f), dies wiederum entnommen aus: Al Montada Christian News Bulletin Beirut (April 1969); eines der besten Beispiele für verschleiernde Formulierungen findet sich im Memorandum der Konferenz von Ajaltoun (Libanon): Dialogue between Men of Living Faiths. The Ajaltoun Memorandum, in: Brown, Anm. 78, S. 7.

137 S. beispielsweise Hussain Monés: The Historical and Theological Basis for Dialogue between Muslims and People of Other Faiths, DFI-Box VIII, S. 1–8.

138 [David E.] Jenkins, in: Tuesday, 24 March Afternoon, DFI-Box III, S. 52.

139 S. die Äußerungen von Maarouf Al-Daoualibi, in: EPS World Council of Churches Communication Nb 21/74, DFI-Box 44, S. 2.

140 S. Mustapha Matbouli: Religious Pluralism: Francophone Group, in: Stuart E. Brown, Anm. 78, S. 159f.

141 Veröffentlichung der Tagung: Hans Ucko (Hg.): The Spiritual Significance of Jerusalem for Jews, Christians and Muslims. A Report on a Colloquium, o. O. 1994.

142 Vischer, Anm. 83, S. 274.

143 S. The Islamic Foundation/Quran House, Anm. 86.

144 S. Muhammad Rasjidi: The Role of Christian Missions, IRM 65 (1976), S. 425–438.

145 Isma'il [Ragi A.] al-Faruqi: On the Nature of Islamic Da'wah, IRM 65 (1976), S. 395: »The man who is not *homo religiosus*, and hence homo *Islamicus*, is not man.«

146 Nach Hasan Askari: Wednesday 18th March. General Discussion, DFI-Box III, S. 25 f.

147 S. [Khurshid] Ahmad, in: The Islamic Foundation/Quran House, Anm. 86, S. 96 f.

148 S. Michel, Anm. 93, S. 205–208.

149 Nach Ahmad von Denffer: Foreword, in: The Islamic Foundation/Quran House, Anm. 86, S. 5.

150 Statement of the Conference, in: Brown, Anm. 78, S. 84.

151 Vischer, Anm. 83, S. 274.

152 S. World Council of Churches (Hg.): Dialogue Statements and Reports of a Theological Consultation, Chiang Mai, Thailand, 18–27 April 1977, Genf 1977, S. 5.7 f.

153 S. Conference Statement and Central Committee Recommendations to Churches, in: World Council of Churches/Dialogue with People of Living Faiths, Anm. 87, S. 71–73.

154 S. Report of WCC Delegation to Christian-Muslim Dialogue, Anm. 110, S. 124, § II.

155 Für die kritische Sicht s. Schumann, Anm. 80, S. 165–168; sonst Taylor, Anm. 128, S. 174–176.

156 S. Achowah Umenei, Muslim-Christian Dialogue Box 1/1 Bossey, S. 2–4.

157 S. Henri Teissier: For a Christian Witness among those who Intend to Remain Non-Christians, in: World Council of Churches/Dialogue with People of Living Faiths, Anm. 87, S. 40–45.47–49.

158 Nach World Council of Churches/Office on Inter-Religious Relations, Anm. 5, S. 13 f.

159 Nach Bert F. Breiner: *Sharī'ah* and Religious Pluralism, in: Tarek Mitri (Hg.): Religion, Law and Society. A Christian-Muslim Discussion, Genf/Kampen 1995, S. 51.

160 Nach Abdoul Karim Cissé, Anm. 123, S. 7–11; zur allgemeinen Bedeutung s. World Council of Churches/Office on Inter-Religious Relations, Anm. 5, S 10–13.

161 S. Michel, Anm. 93, S. 204–209 und Ethics and Practices of Humanitarian and Development Programmes, Anm. 94, S. 120–123.

162 Nach Haq, Anm. 112, S. 38–40.

163 S. Conference Statement and Central Committee Recommendations to Churches, Anm. 153, S. 66–69; Simatupang, Anm. 130, S. 30–37.

164 S. Engineer, Anm. 118, S. 19.

165 So Carmen A. Abubakar: Religion and Family, in: World Council of Churches/Dialogue with People of Living Faiths, Anm. 112, S. 41–46.

166 So Riffat Hassan: Women in the Context of Change and Confrontation within Muslim Communities, in: World Council of Churches/Dialogue with People of Living Faiths: The Challenge of Pluralism, Anm. 112, S. 17–19.

167 S. die gute Darstellung bei Jean-Claude Basset, Anm. 80, S. 68–70.

168 S. Mitri, Anm. 79, S. 67.

169 Veröffentlichung: Mitri, Anm. 159.

170 Veröffentlichung: Tarek Mitri (Hg.): Religion and Human Rights. A Christian-Muslim Discussion, Genf 1996.

171 Nach Tayyib Z. Al-Abdin: The Role of Religious Institutions and ›ulamā‹ in a Contemporary Muslim Society, in: Mitri, Anm. 159, S. 111–117.

172 Nach Jørgen S. Nielsen: State, Religion and Laicité: the Western European Experience, in: Mitri, Anm. 159, S. 100–110.

173 Nach Gé Speelman: Muslim Minorities and *Sharīʿah* in Europe, in: Mitri, Anm. 159, S. 70–77.

174 S. Bert F. Breiner: Secularism and Religion, in: Mitri, Anm. 159, S. 93–99.

175 So Darsh, Anm. 129, S. 23; aber auch von weniger konservativer Seite: Harun Nasution: Islam and the Quest for World Community, DFI-Box 25, S. 3.

176 Nach Darsh, Anm. 129, S. 20.23, zu den christlichen Anmerkungen s. Marie B. Assaad: Religious Pluralism today: Thoughts of an Egyptian Christian, in: World Council of Churches/Dialogue with People of Living Faiths, Anm. 80, S. 29.

177 S. Bienvenido Tudtud: Christians and Muslims as Neighbours in the Philippines, in: World Council of Churches/Dialogue with People of Living Faiths and Ideologies, Anm. 87, S. 18.

178 S. Elie Miloungou: Religion et famille, in: Conseil Oecuménique des Églises/Dialogue avec les Religions de Notre Temps, Anm. 117, S. 45–50.

179 S. Christian-Muslim Conversations, Anm. 136, S. 5.

180 Nach Grâce Dossou: La Religion et l'enseignement, in: Conseil Oecuménique des Églises/Dialogue avec les Religions de Notre Temps, Anm. 117, S. 21–24.

181 S. Muslims and Christians in Society, StEnc 11, 1,74 (1975), S. 9–12; Rasjidi, Anm. 144, S. 428–431.

182 S. Jane I. Smith: Religion and Education: Approaches to the Study and Teaching of Islam in Christian Theological Education, in: World Council of Churches/Dialogue with People of Living Faiths, Anm. 166, S. 39–42.

183 S. Bericht der Konferenz »Implications of Interfaith Dialogue for Theological Education today«, Kuala Lumpur, 19.–25. 6. 1985, zitiert nach: Mehr als nur distanzierte Kenntnisnahme anderer Religionen, One World 112 (1986), S. 9.

184 S. Lamb, Anm. 116, S. 10f.

185 S. World Council of Churches/Office on Inter-Religious Relations, Anm. 5, S. 10; World Council of Churches/Dialogue with People of Living Faiths, Anm. 96, S. 46f.50 (Nat Idarous/ M.S. Zahradeen: Report of Discussions), S. 50–52.54f (Final Statement and Recommendations) und S. 32 (Rabiatu Ammah: Islam and the Family).

186 S. General Summary, Anm. 112, S. 56 (als ›Advancing together into the Next Century‹, in: Brown, Anm. 78, S. 152f); World Council of Churches/Dialogue with People of Living Faiths, Anm. 78, S. 49 (Martin Adhikary: Religion and Family – a Christian Viewpoint (A very Brief Note)) und S. 42–46 (Abubakar, Anm. 165).

187 Zum Sekretariat für die Nichtchristen s. P[ietro] Rossano: The Secretariat for Non-Christian Religions from the Beginnings to the Present Day: History, Ideas, Problems, BSNC 41/42 (1979), S. 88–109. Der Vortrag wurde ursprünglich bei der ersten Plenumssitzung des Sekretariats für die Nichtchristen vom 24.–27.4.1979 gehalten und enthält am Anfang eine Auflistung wichtiger Dokumente zum interreligiösen Dialog, die zu vertieftem Studium dienen können. Zur Bevorzugung der römisch-katholischen Kirche durch die Muslime s. Abedin, Anm. 120, S. 62.

188 S. Médard Kayitakibga: The Relation of the Catholic Church to Islam today, in: World Council of Churches/Dialogue with People of Living Faiths and Ideologies, Anm. 87, S. 28 (englische Übersetzung des französischen Originals).

189 S. Rossano, Anm. 187, S. 88–104.108f.

190 Ebd., S. 106.108f.

191 Päpstlicher Rat für den Interreligiösen Dialog/Kongregation für die Evangelisierung der Völker: Dialog und Verkündigung. Überlegungen und Orientierungen zum Interreligiösen Dialog und zur Verkündigung des Evangeliums Jesu Christi, hrsg. vom Sekretariat der Deutschen Bischofskonferenz, Verlautbarungen des Apostolischen Stuhls 102, Bonn 1991, S. 17.

192 Ebd., S. 25.

193 S. Erklärung über das Verhältnis der Kirche zu den nichtchristlichen Religionen. Verkündet in der I. Öffentlichen Sitzung der 4. Session des II. Vatikanischen Ökumenischen Konzils am 28. Oktober 1965, KNA Dokumentation Rom, den 28. Oktober 1965, S. 19f.

194 Ansprache des Papstes an die Vollversammlung des Sekretariats für die Nichtchristen, in: Ecclesia Catholica/Secretariatus pro non Christianis (Hg.): Die Haltung der Kirche gegenüber den Anhängern anderer Religionen. Gedanken und Weisungen über Dialog und Mission, Città del Vaticano 1984, S. 5.

195 S. Rossano, Anm. 187, S. 88–104.108f.

196 S. Réunion des consulteurs résidents à Roma du Secrétariat pour les non Chrétiens: le 19 décembre 1977, DFI-Box 31, darin S. 2 Beitrag Ary Roest

Crollius, S. 3 Beitrag [Maurice] Borrmans, S. 4 Dialog Grotanelli – Dhavamony.

197 S. M[arcello] Zago: Projects and Prospects of the Secretariat, Rome April 1986, DF-Box 92; Activities of the Secretariat for Non-Christians (1985–1986), DF-Box 92, S. 1.

198 S. Recommendations of the Joint Working Group for the Consideration of DFI, in: World Council of Churches/Dialogue with People of Living Faiths and Ideologies (Hg.): Minutes of the Working Group Meeting, April 9–16, 1980, Matrafüred/Hungary, Genf 1980, S. 49; Réunion de travail entre le Secrétariat pour les non Chrétiens et le »Sub-Unit for Dialogue with Living Faiths and Ideologies« (D. F. I.) du Conseil Oecuménique des Églises, DFI-Box 92; S. Wesley Ariarajah: Joint Staff Meeting of the Vatican Secretariat for Non-Christians and the WCC Sub-Unit on Dialogue: April 1986, DF-Box 92, S. 4f.

Tabelle zu Sunna-Schīa

Entstehung

Die Trennung der Schīa (Schīa = Anspaltung, Partei) von der Sunna (»Orthodoxie«) vollzog sich, als die Gläubigen sich nach dem Tod Muhammads nicht über die Person des Nachfolgers einigen konnten.

Sunniten

Bezeichnung für alle diejenigen Muslime, die getreu der historischen Realität in Abū Bakr, Umar, Uthmān und dann erst Ali die vier ersten rechtgeleiteten Kalifen sehen.

Schiiten

Bezeichnung für alle diejenigen Muslime, die Ali, den Vetter und Schwiegersohn und späteren vierten Kalifen als ersten rechtmäßigen Nachfolger Muhammads ansehen.

Unterschiedliche Ämterauffassung

Sunniten und Schiiten unterscheiden sich in ihren Forderungen bezüglich des Leiters der Gemeinde, der in der Sunna als *Kalif* und in der Schīa als *Imām* bezeichnet wird.

Kalif

- muß zum Stamm des Propheten gehören
- muß sich in den religiösen Quellen auskennen
- muß politische Eignung besitzen

Imām

- muß ein Nachkomme Alis sein
  Die Ansichten der verschiedenen schiitischen Gruppen über die Gestalt des Imāmas variieren.

Sunniten		***Schiiten***	
Extreme Schiiten	*Ismailiten*	*Zwölferschiiten*	*Zaiditen*
glauben an das Einwohnen Gottes in Ali und vielen seiner Nachkommen, den Imāmen. Sie sind heute noch als kleine Splittergruppe, z. B. in Syrien, verbreitet.	Die I. glauben, daß der schon vor seinem Vater verstorbene Sohn des 6. Imāms, Ismail, der rechtmäßige 7. Imām sei, in der Verborgenheit weiterlebt und eines Tages als Mahdi auf die Welt zurückkehren wird. Die I. werden daher auch Siebenerschia genannt. Eine Untergruppe der I. trat im 10. Jh. für Gleichberechtigung und Gütergemeinschaft ein (die Qarmaṭen) und gelten heute bei manchen Denkern als frühe Sozialisten. Die I. sind heute im Jemen, Iran, Indien, Syrien und Afrika verbreitet.	Diese bedeutendste Gruppe benennt sich nach dem 12. Imām, Muhammad ibn Hasan al-Mahdi, der nach ihrer Überzeugung in die Verborgenheit entrückt wurde, dort weiterlebt und einst als Mahdi zurückkehren wird. Während seiner Abwesenheit sollen qualifizierte Theologen die Leitung der Gemeinde übernehmen. Die Z. sind hauptsächlich im Iran verbreitet.	Die Z. halten im Gegensatz zu den Zwölferschiiten und den Ismailiten Zaid, den Sohn des 4. Imāms, für den rechtmäßigen Nachfolger. Die Z. verlangen, daß ein Imām, abgesehen von der Abstammung von Ali, geistige Fähigkeit besitzen und um sein Amt kämpfen muß. Sie lehnen die Vererbung der Imāmatswürde und den Mahdiglauben ab.

aus: Monika Tworuschka: Islam, unter Mitarbeit von Udo Tworuschka, Göttingen 1982, S. 98 f

Zeittafel zum Islam

um 570	Mohammed in Mekka geboren
610	Mohammed empfängt auf einem Berg in der Nähe von Mekka die ersten Offenbarungen, vermittelt durch den Engel Gabriel; später weitere Offenbarungen und Anfeindungen durch die Bewohner Mekkas
621	Nachtreise Mohammeds mit dem Engel Gabriel zum Tempelberg nach Jerusalem, dort Himmelfahrt und gemeinsames Gebet mit den Propheten, Mohammed ist dabei der Vorbeter
15.6.622	Auswanderung Mohammeds und seiner Freunde nach Yathrib, später Medina, die »Stadt des Propheten«, da Mohammed durch seine Mutter dorthin verwandtschaftliche Beziehungen hatte; zugleich Beginn der islamischen Zeitrechnung; später Vertrag mit den Juden von Medina
623	Änderung der Gebetsrichtung vom Tempelberg in Jerusalem zur Kaaba in Mekka
624	Schlacht bei Badr: Mohammed besiegt die Mekkaner
625	Schlacht bei Uhud: Mekkaner besiegen Mohammed
627	Belagerung Medinas durch die Mekkaner. danach Tötung bzw. Sklaverei für die letzten verbliebenen Juden Medinas, weil sie in dem Konflikt nicht die Partei der Muslime ergriffen hatten
1.11.630	Rückkehr nach Mekka, Reinigung der Stadt und des alten arabischen Heiligtums, der Kaaba, vom Götzendienst
631	Wallfahrt Mohammeds von Medina nach Mekka
632	Tod Mohammeds in Medina

632–661	Staat von Medina unter den ersten vier, den »rechtgeleiteten« Kalifen, unerreichtes Vorbild und einzig wahrhaft islamischer Staat in der Geschichte; Ausbreitung des Islam bis nach Indien im Osten und Marokko im Westen
632–634	Kalif Abu Bakr, Schwiegersohn Mohammeds; erste Fassung des Korans
634–644	Kalif Omar (ermordet)
635	Eroberung von Damaskus
638	Eroberung von Jerusalem, Bau einer kleinen Moschee auf dem Tempelberg, um islamische Präsenz zu demonstrieren
642	Eroberung von Alexandria
644–656	Kalif Othman (ermordet)
653	endgültige Fassung des Korans
656-661	Kalif Ali, Vetter und Schwiegersohn Mohammeds; Spaltung in Sunniten und Schiiten, am Ende Ermordung Alis in seiner neuen Hauptstadt Kufa
661–750	Dynastie der Omajjaden in Damaskus; Ausbreitung des Islam bis China; erste Blütezeit für Wissenschaft, Philosophie und Dichtung
673	arabische Flotte erfolglos vor Konstantinopel
691	Vollendung des Felsendoms und wahrscheinlich Baubeginn der al-Aqsa-Moschee in Jerusalem, die zusammengenommen mit ihrer Form der überdimensionierten justinianischen Grabeskirche den Anspruch des Islam auf Vollendung der monotheistischen Tradition demonstrieren
10.10.680	Tod von Mohammeds Enkel Husain in der Schlacht von Kerbela (Irak); Husain wird zum verehrten Märtyrer, sein Todestag zum Trauertag, Kerbela zu einem Wallfahrtsort der Schiiten
711	Sieg über die Westgoten in Spanien
714–801	Rabia al-Adawiyya, bekannte Myterikerin in Basra

732	Schlacht zwischen Tours und Poitiers: Karl Martell verhindert das weitere Vordringen der Araber im Westen
750	Schlacht am Zab (Nebenfluß des Tigris), von den Omajjaden überlebt nur Abd ar-Rahman
756–1031	Emirat der Omajjaden von Córdoba, begründet von Abd ar-Rahman, Blütezeit von Wissenschaft, Philosophie und Literatur
1031–1236	Reconquista, christliche Rückeroberung Spaniens, vorläufig endend mit der Eroberung von Córdoba
1126–1198	Ibn Ruschd (Averroes), Philosoph und Theologe, lehrt in Toledo
1492	Eroberung von Granada, dem letzten arabischen Staat auf europäischem Boden, durch Isabella von Kastilien und Ferdinand von Aragon

750–1258	Dynastie der Abbasiden in Bagdad; Musiker, Dichter und Philosophen bestimmen das Leben am glanzvollen Hof der Kalifen
797	Karl der Große und Harun ar-Raschid (bekannt aus »Tausend und eine Nacht«) tauschen Botschaften aus
846	Sarazenen plündern Apostelgräber und Papstkirchen in Rom
857–922	al-Halladsch, berühmter Mystiker (hingerichtet von den Vertretern der islamischen Orthodoxie)
969–1171	Fatimiden in Ägypten: Schiiten, leiten sich von der Prophetentochter Fatima her
969	Gründung der al-Azhar in Kairo als schiitisches »Predigerseminar«, gilt heute als bedeutendste theologische Hochschule der sunnistischen Welt
980–1037	Ibn Sina (Avicenna), bedeutender Philosoph
996–1021	Fatimiden-Kalif al-Hakim, von der Sekte der Drusen (Libanon, Syrien, Israel) für göttlich gehalten

28.9.1009	Zerstörung der Grabeskirche in Jerusalem, Blutbad an der überwiegend christlichen Bevölkerung der Stadt
1058–1111	al-Ghazzali (größter mittelalterlicher Theologe) versöhnt islamische Orthodoxie und Mystik
1096–1270	insgesamt sieben Kreuzzüge zur Befreiung der christlichen Stätten im Heiligen Land und zur Hilfe für die Christen dort
15.7.1099	Eroberung von Jerusalem durch die Kreuzfahrer; von der muslimischen Welt praktisch nicht zur Kenntnis genommen
1137–1193	Saladin, Nachfolger der Fatimiden in Ägypten, kurdischer Abstammung
1143	Übersetzung des Korans ins Lateinische
1144	Eroberung des fränkischen Fürstentums Edessa durch Zenki, Herrscher von Mossul-Aleppo; er ruft zum Heiligen Krieg gegen die Franken auf, gleichzeitig Etablierung von Jerusalem als heiliger Stadt des Islam, was bislang von Gelehrten in Zweifel gezogen und sogar bekämpft worden war
1165–1240	Ibn Arabi, einer der bekanntesten Mystiker (geboren in Spanien)
2.10.1187	Eroberung von Jerusalem durch Saladin; er wird dadurch schon zu Lebzeiten zur Legende und Jerusalem zur nun wirklich muslimischen, wenn auch praktisch immer noch völlig bedeutungslosen Stadt
1207–1273	Dschelaluddin Rumi, großer Mystiker und Dichter
1225–1274	Thomas von Aquin, »Normaltheologe« des christlichen Mittelalters, verfaßt u.a. Schriften gegen die Heiden/Muslime
1258	Zerstörung von Bagdad durch die Mongolen, Ende einer klassischen Epoche des Islam

um 1300	Mongolen (Reich der Il-Chane) werden Muslime
1250–1516	Dynastie der Mamluken in Ägypten und Großsyrien
1301–1922	Osmanisches Reich, türkische Oberherrschaft über beinahe die gesamte islamische Welt (Ausnahme u.a. Marokko)
29.5.1453	Eroberung von Konstaninopel durch Mehmet II.
1514	Eroberung von Aserbeidschan
1517	Eroberung von Ägypten und Syrien
1520–1566	Suleimann II. der Große oder der Prächtige, Höhepunkt osmanischer Macht, auch große kulturelle Leistungen (richtungweisend im Moscheebau)
1529	erste Belagerung von Wien durch die Türken
1571	Seeschlacht bei Lepanto: Ende der Vorherrschaft der osmanischen Flotte im Mittelmeerraum
1683	zweite Belagerung von Wien durch die Türken, Niederlage in der Schlacht am Kahlenberg, von da an wird der türkische Einfluß auf dem Balkan kontinuierlich zurückgedrängt (u.a. durch Prinz Eugen)
1501–1722	Safawidendynastie in Persien: Schiiten; kulturelle Blüte mit bedeutenden Moscheen und Medresen in Isfahan und Schiras
1526–1658	Mogulreich in Indien: vergeblicher Versuch einer neuen, pantheistischen Sonnenreligion; Glanzzeit unter Akbar
1586–1830	zweites Reich von Mataram: Indonesien nach Ausbreitung des Islam durch arabische Kaufleute bis auf Bali und West-Lombok muslimisch
seit 1600	kolonialer Einfluß in Indien, später auch in anderen Teilen der muslimischen Welt (Nordafrika, Naher und Mittlerer Osten)
1744	Pakt zwischen dem radikalen Reformer Ibn Abd al-Wahhab und der Familie Saud, Grundlage für die Entstehung des saudischen Staates

1754–um 1815	Usman dan Fodio: Fulbe-Nomaden erobern fast alle Stadtstaaten der Hausa; auch weiterhin wichtige muslimische Eroberungen südlich der Sahara
1798/99	erfolgreicher Feldzug Napoleons in Ägypten; die im Niedergang begriffene islamische Welt beginnt sich dem Westen zu öffnen

1877–1938	Mohammed Iqbal, Politiker und Dichter; regt die Trennung des (muslimischen) Pakistan von Indien an
1922	Ägypten wird unabhängige Monarchie
1924	Mustafa Kemal Pascha »Atatürk« schafft das Kalifat ab und macht die Türkei zu einem westlich ausgerichteten Staat
1945	Gründung der Arabischen Liga als Nichtangriffs- und Konsultativpakt für enge Zusammenarbeit, Beschlüsse sind nur für zustimmende Mitglieder bindend
1947	nach blutigen Auseinandersetzungen mit Hindus Gründung des islamischen Staates Pakistan; in den folgenden Jahren werden viele Länder der islamischen Welt als Nationalstaaten selbständig
1953	Ägypten wird (sozialistische) Republik; vergleichbare Entwicklungen gibt es in Algerien, Syrien und Libyen
1971	Bangladesch (Ostpakistan) wird als islamischer Staat selbständig
1979	Sturz des Schah und islamische Revolution im Iran durch Khomeini
1980–1988	Erster Golfkrieg zwischen Iran und Irak
1991	Zweiter Golfkrieg nach der Invasion des Irak in Kuwait

1948	Proklamation des Staates Israel, Unabhängigkeitskrieg Israels mit den Arabern
1956	erfolgreiches Eingreifen Israels im Sinai

1964	Gründung der Palästinensischen Befreiungsfront (PLO) durch die Führer der arabischen Staaten in Kairo
1967	Sechstagekrieg: Angriffe auf Israel; Israel erobert Sinai, Golanhöhen, die Westbank und Ost-Jerusalem
1969	Jassir Arafat übernimmt die Führung der PLO
1970	PLO versucht in Jordanien die Macht zu übernehmen, wird von König Hussein vertrieben und muß in den Libanon fliehen
1973	Jom-Kippur-Krieg, benannt nach dem Angriffstag, dem höchsten jüdischen Feiertag: nach Anfangserfolgen Niederlage der Ägypter
1979	ägyptisch-israelischer Friedensvertrag, danach schrittweise Rückgabe des Sinai an Ägypten
1982–1985	israelische Invasion im Libanon (während des dortigen Bürgerkriegs)
1987	Beginn der Intifada, des Aufstands der Palästinenser gegen Israel
1996	Friedensabkommen von Oslo zwischen Israel und den Palästinensern, konkrete Umsetzung ist immer wieder umstritten und gefährdet

Literatur

In dieses Literaturverzeichnis wurde – des leichteren Zugriffs wegen – nur deutschsprachige Literatur aufgenommen. Die zumeist fremdsprachliche Spezialliteratur wird am jeweiligen Ort in den Anmerkungen genannt.

Islamische Quellen

Der Koran, Übersetzung von Adel Theodor Khoury, Unter Mitwirkung von Muhammad Salim Abdullah, Gütersloh ²1992
Der Koran, Übersetzung von Rudi Paret, Stuttgart/Berlin/Köln ⁵1989; Kommentar und Konkordanz von Rudi Paret, Stuttgart/Berlin/Köln ⁴1989
Khoury, Adel Theodor (Hg.), So sprach der Prophet, Worte aus der islamischen Überlieferung, Gütersloh 1988

Literatur über den Islam

Ahmed, Munir D. u.a. (Hg.): Der Islam. III Islamische Kultur – Zeitgenössische Strömungen – Volksfrömmigkeit, Stuttgart/Berlin/Köln 1990
Andrae, Tor: Mohammed. Sein Leben und sein Glaube, Hildesheim/New York 1977
Bayerische Landeszentrale für politische Bildungsarbeit (Hg.): Weltmacht Islam, Zur Diskussion gestellt 28, München 1988
Endreß, Gerhard: Einführung in die islamische Geschichte, München 1982
Fitzgerald, Michael u.a. (Hg.): Mensch, Welt, Staat im Islam, Graz/Wien/Köln 1977
Haarmann, Ulrich (Hg.): Geschichte der arabischen Welt, München 1987
Hanf, Theodor: Die christlichen Gemeinschaften im gesellschaftlichen Wandel des arabischen Vorderen Orients, Orient 22 (1981), S. 29–49
Hassan, Riffat: Frauen im Islam und im Christentum, Conc (D) 30 (1994), S. 207–210
Islam-Kommission der Evangelisch-Lutherischen Kirche in Bayern (Hg.):

»... über die Grenze gehen«. Ehen zwischen christlichen und muslimischen Partnern, Neuendettelsau 1996
Khoury, Adel-Theodor: Begegnung mit dem Islam. Eine Einführung, Freiburg im Breisgau 1980
Einführung in die Grundlagen des Islams, Graz/Wien/Köln ²1981
Gebete des Islams, Mainz 1981
(Hg.), Lexikon religiöser Grundbegriffe. Judentum, Christentum, Islam, Graz/Wien/Köln 1987
Was sagt der Koran zum Heiligen Krieg?, Gütersloh 1991
Wer war Muhammad? Lebensgeschichte und prophetischer Anspruch, Freiburg/Basel/Wien 1990
Khoury, Adel Theodor/Hagemann, Ludwig/Heine, Peter (Hg.): Islam-Lexikon. Geschichte – Ideen – Gestalten, Bde. 1–3, Freiburg/Basel/Wien 1991
Konferenz Europäischer Kirchen (Hg.): Die Kirchen und der Islam in Europa (II), Genf 1982
Lutherisches Kirchenamt der Vereinigten Evangelisch-Lutherischen Kirche Deutschlands/Kirchenamt der Evangelischen Kirche in Deutschland (Hg.): Was jeder vom Islam wissen muß, Gütersloh 1991
Micksch, Jürgen (Hg.): Zusammenleben mit Muslimen. Eine Handreichung, Beiträge zur Ausländerarbeit 5, Frankfurt am Main ^{6}1983
Micksch, Jürgen/Mildenberger, Michael (Hg.): Christen und Muslime im Gespräch. Eine Handreichung. Frankfurt am Main ^{2}1988
Naipaul, Vidiahar Suraiprasad: Eine islamische Reise. Unter den Gläubigen, München 1993
Paret, Rudi: Der Koran, WdF 326, Darmstadt 1975
Schriften zum Islam. Volksroman – Frauenfrage – Bilderverbot, hg. v. Josef van Ess, Stuttgart/Berlin/Köln/Mainz 1981
Mohammed und der Koran. Geschichte und Verkündigung des arabischen Propheten, Stuttgart/Berlin/Köln/Mainz ^{3}1972
Poerwowidagdo, Judo: Indonesien – Zusammenleben in einer überwiegend muslimischen Bevölkerung, Conc (D) 30 (1994), S. 203–207
Renard, John: Der Islam, das Eine und das Viele, Conc (D) 30 (1994), S. 211–217
Sadat, Jehan: Ich bin eine Frau aus Ägypten, München ^{10}1992
Schacht, Joseph: Zur soziologischen Betrachtung des islamischen Rechts, Der Islam 22 (1935), S. 207–238
Schacht, Joseph/Bosworth, C. E. (Hg.): Das Vermächtnis des Islams, Bd. 1 u. 2, München 1983
Schimmel, Annemarie: Der Islam. Eine Einführung, Stuttgart 1991
Schoen, Ulrich: Determination und Freiheit im arabischen Denken heute. Eine christliche Reflexion im Gespräch mit Naturwissenschaften und Islam, FSöTh 33, Göttingen 1976
Stieglecker, Hermann: Die Glaubenslehren des Islam, Paderborn ^{2}1983

Watt, W. Montgomery/Marmura, Michael: Der Islam, II Politische Entwicklungen und theologische Konzepte, RM 25,2, Stuttgart/Berlin/Köln/Mainz 1985
Watt, W. Montgomery/Welch, Alford T.: Der Islam, I Mohammed und die Frühzeit – Islamisches Recht – Religiöses Leben, RM 25,1, Stuttgart/Berlin/Köln/Mainz 1980
Zoetmulder, Piet: Die Hochreligionen Indonesiens, in: Stöhr, Waldemar/Zoetmulder, Piet (Hg.): Die Religionen Indonesiens, RM 5,1, Stuttgart/Berlin/Köln/Mainz 1965, S. 223–345